COORDENAÇÃO RENATA ARMAS

CHURRASCO DE ALCATRA
MAMINHA & FRALDINHA

1ª EDIÇÃO • BRASIL • 2015

Editora escala

Editora escala

Título Original - **Bíblia do Churrasco – Alcatra, maminha & fraldinha**
Copyright © Editora Escala Ltda., 2015
ISBN: 978-85-389-0204-1

Direção editorial	Ethel Santaella
Coordenação editorial	Renata Armas
Realização	We2Design
Edição de texto	Maria Helena da Fonte
Consultoria e produção culinária	Janaína Resende
Edição de arte	Jairo Bittencourt
Preparação e revisão de texto	Marcela Almeida Fregonezi
Fotografia	Danilo Tanaka, Escala Imagens e Shutterstock

livrosescala@escala.com.br

Dados Internacionais de Catalogação na Publicação (CIP)
(Câmara Brasileira do Livro, SP, Brasil)

```
Churrasco de alcatra, maminha & fraldinha /
   [coordenação editorial Renata Armas]. -- 1. ed. --
   São Paulo : Editora Escala, 2015. -- (Coleção
   bíblia do churrasco)

   ISBN 978-85-389-0204-1

   1. Churrasco - Culinária 2. Churrascos e
grelhados 3. Receitas I. Armas, Renata. II. Série.

15-09301                                    CDD-641.578
```

Índices para catálogo sistemático:

1. Churrasco : Culinária   641.578

Todos os direitos reservados. Nenhuma parte deste livro pode ser reproduzida por quaisquer meios existentes sem autorização por escrito dos editores e detentores dos direitos.
Av. Profª. Ida Kolb, 551, Jardim das Laranjeiras, São Paulo, CEP 02518-000
Tel.: +55 11 3855-2100 / Fax: +55 11 3857-9643
Venda de livros no atacado: tel.: +55 11 4446-7000 / +55 11 4446-7132 – vendas@escala.com.br * www.escala.com.br

Impressão e acabamento: Gráfica Araguaia

ÍNDICE

SEGREDOS DO CHURRASCO
Conheça os cortes bovinos...................6
Seis regras de ouro para comprar...................9

RECEITAS
Alcatra no espeto 12
Churrasco italiano...................14
Bombom de alcatra com mostarda 16
Bombom de alcatra com
molho de cerveja...................18
Fraldinha na grelha...................20
Bombom de alcatra com alho 22
Miolo de alcatra com shoyu...................24
Alcatra recheada com linguiça calabresa 26
Alcatra grelhada com molho
de vinho tinto...................28
Miolo de alcatra recheado...................30
Alcatra recheada com quatro queijos...................32
Espetinhos de alcatra recheados 34
Bife de alcatra grelhado ao
molho de cachaça 36
Miolo de alcatra com champignon...................38
Miolo de alcatra recheado
com linguiça toscana...................40
Maminha com bacon e provolone...................42
Maminha com orégano fresco...................44
Maminha recheada...................46
Fraldinha com cogumelos...................48
Fraldinha com provolone...................50
Fraldinha com molho chimichurri...................52

CHURRASCO NO DIA A DIA
Miolo de alcatra com azeite de ervas...................56
Maminha ao Shoyu...................57
Miolo de alcatra ao molho pesto...................58

Alcatra grelhada com manteiga de alecrim..60
Maminha saborosa...................61
Baby beef com mix de pimentas...................62
Bife de alcatra com sal
temperado de alecrim...................64
Alcatra com ervas finas...................65
Bombom de alcatra com molho inglês...................66
Miolo de alcatra temperado...................68
Fraldinha com cerveja...................69
Espetinhos de alcatra com legumes...................70
Maminha com alho e alecrim...................72
Baby beef com manteiga
de alecrim e pimenta rosa...................73

MANUAL DO BOM CHURRASQUEIRO
Saiba escolher e acertar o ponto da carne 74

ACOMPANHAMENTOS
Croquete de mandioca...................82
Onion rings...................82
Polenta frita...................83
Salada mista...................84
Mix de folhas verdes com erva-doce...................85
Arroz colorido...................86
Risoto crocante de vegetais...................87
Quiche lorraine...................88
Batata suflé...................90
Batata assada...................91
Legumes grelhados...................92
Tulipas de tomate...................93
Farofa de banana...................94
Farofa especial...................95
Geleia de hortelã...................96
Molho de pimenta com tomate...................97

Conheça os cortes bovinos

Até alguns anos atrás acreditava-se que apenas os cortes traseiros, como picanha, fraldinha e maminha, fossem ideais para a brasa. Com o aperfeiçoamento genético e melhora no manejo do rebanho brasileiro, os dianteiros, antes conhecidos como de segunda, estão mais macios e suculentos e também servem para fazer um bom churrasco. Técnicas de corte, como a argentina e norte-americana, também são capazes de conferir sabores diferenciados a peças de uma mesma região do boi. Veja a seguir as principais delas e suas partes fundamentais:

Região da alcatra

1. PICANHA Um corte marmorizado, com característica capa de gordura, pode ser assada em uma peça única ou grelhada em partes. Quando preparada inteira, leva até 45 minutos para ficar pronta.

2. ALCATRA A versão gaúcha, servida no espeto, tem na porção superior uma parte da picanha, no centro, o miolo de alcatra, e na ponta inferior, a maminha. É um corte macio e com pouca gordura, perfeito para dar início ao churrasco, deixando as carnes mais gordurosas para o final.

BOMBOM Fica na parte do miolo de alcatra que está mais próximo da picanha, tem as mesmas características de sabor que o baby beef, sem a capa de gordura. Uma peça rende 5 porções.

BABY BEEF Este corte é retirado do miolo de alcatra, da parte mais próxima à maminha, é macio e tem uma pequena capa de gordura.

3. FRALDINHA É uma das carnes mais saborosas. Na argentina ela é o tradicional vacío; nos Estados Unidos, o skirt beef. É um corte com pouca gordura e fibras musculares bem abertas. Retire totalmente a membrana e mantenha apenas uma pequena quantidade de gordura na ponta.

4. MAMINHA Carne de sabor delicado, devido à baixa irrigação sanguínea, tem capa de gordura e sabor amanteigado.

CORAÇÃO DE PICANHA Este é um corte de aproximadamente 6 cm de grossura, feito do lado mais marmorizado da picanha, com o restante é tirado o bife de tira e steak de picanha.

BIFE DE TIRA É feito com o centro da picanha. Depois de separar o coração (que é o lado mais marmorizado), são feitas 2 a 3 tiras de 4 cm de grossura por todo o comprimento da peça.

STEAK DE PICANHA Fica do lado que tem menos marmoreio da picanha. Por ser da parte menos macia da peça, os bifes devem ter de 2 a 3 cm de espessura.

A fraldinha tem pouca gordura e cor vermelha escura

Região do contrafilé

1. CONTRAFILÉ O seu centro pode ser servido no espeto, como na versão gaúcha, ou ser desmembrado em diversos cortes como o bife de chorizo e o entrecôte. Localizado na região do lombo do boi, possui uma capa de gordura lateral e é uma carne marmorizada e suculenta.

BIFE ANCHO É retirado da parte central do contrafilé e mais próxima da parte dianteira do boi. Também é conhecido contrafilé alto. Tem gordura entremeada à carne e em toda a volta.

ENTRECÔTE Este corte fica no centro do contrafilé, e deve ser totalmente limpo, até ficar sem gordura. É o corte mais macio desta parte do boi. Uma peça rende até 6 porções.

OLHO DE BIFE Da mesma região usada para fazer o bife ancho, a diferença está na maneira de cortar. Retire uma fatia de mais ou menos 8 cm da parte mais próxima do dianteiro, corte essa fatia ao meio sem deixar separar as duas partes e abra. Fica perfeito na grelha.

BIFE DE CHORIZO Retirado da parte do contrafilé que está mais próxima do traseiro do boi, é uma carne que tem gordura entremeada.

BANANINHA Um pequeno pedaço entre a costela e o contrafilé. São tiras de 4 cm com gordura entremeada na carne.

2. NOIX É a continuação do contrafilé, indo em direção ao dianteiro do boi. A gordura fica no meio da carne, deixando-a extremamente suculenta. Tem sabor amanteigado devido à sua característica marmorizada.

3. FILÉ-MIGNON A melhor parte para levar à churrasqueira é o centro da peça. Macio e com pouca gordura, pode ser servido como a primeira carne do churrasco. Corte sempre contra as fibras e grelhe no fundo da churrasqueira, que é mais quente.

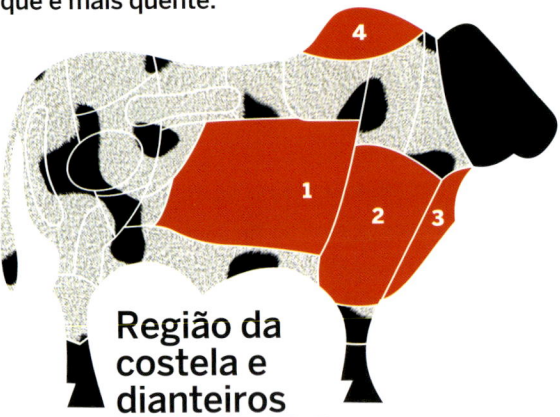

Região da costela e dianteiros

A alcatra completa no espeto, feita à moda gaúcha, tem na porção superior uma parte da picanha e na inferior, um pedaço de maminha

1. COSTELA Uma peça rica e saborosa, precisa de muitas horas de churrasqueira para ficar no ponto, por isso a opção pela cocção no bafo ou envolta em papel-alumínio ou celofane é usada para acelerar o processo. Pode demorar até 12 horas no fogo de chão para ficar pronta.

ASSADO DE TIRA ou costela de ripa são tiras da costela extraídas por meio de cortes transversais. Tem sabor acentuado.

COSTELA DO VAZIO É a parte com menos ossos da costela, tem uma camada de gordura de um lado e uma membrana do outro lado.

COSTELA CENTRAL Também conhecida como janela, tem mais ossos e é a parte mais suculenta da peça. Forma uma casquinha, o matambre, que é muito apreciado como aperitivo.

2. RAQUETE Fica logo acima do músculo, tem fibras longas e gordura concentrada. Muito saborosa, que deve ser assada lentamente.

CORAÇÃO DA PALETA Também conhecido como centro da paleta, está ao lado do peixinho e da raquete. Fica muito macio quando assado em fogo lento ou a bafo.

PEIXINHO Fica próximo ao pescoço e ao acém. Essa parte fica perfeita quando assada lentamente e cortada em fatias finas.

3. BRISKET Parte do dianteiro do boi constituída de músculos e fibras grossas e compridas. Necessita de cozimento longo em calor úmido. Usar uma churrasqueira a bafo é a melhor técnica para assar.

4. CUPIM São fibras musculares entremeadas de gordura, ficam logo atrás do pescoço dos gados zebuínos. Deve ser assado lentamente, enrolado em camadas de papel-celofane. Esse processo distribui o calor uniformemente e cozinha a carne em seus próprios líquidos.

6 regras de ouro para comprar

1 Escolha bem o estabelecimento onde vai adquirir as carnes. O local deve ter balcão frigorífico ou geladeiras fechadas com temperatura constante, peças separadas por espécies, como bovinos, suínos e aves.

2 Dê preferência para as carnes embaladas a vácuo e com o selo do Serviço de Inspeção Federal (SIF).

3 Opte pelas carnes marmorizadas, com gordura entre as fibras, que conferem sabor especial.

4 Preste atenção ao cheiro, ele deve ser agradável. Observe também a textura, rígida, que volta à forma quando é apertada com o dedo, e a cor vermelho-vivo.

5 Peças com capa de gordura, como picanha, maminha e contrafilé, devem ter uma camada homogênea, sem marcas de sangue coagulado e num tom amarelo bem claro.

6 Escolha carnes maturadas, pois o processo torna a carne mais macia e suculenta. Neste caso, a cor da carne aparece escura na embalagem, por estar concentrada, mas se torna vermelha novamente 5 minutos depois de aberta e entrar em contato com o ar.

ALCATRA • MAMINHA • FRALDINHA
PERFEITOS PARA O CHURRASCO

Estão entre os cortes mais magros do boi. Extremamente saborosos e com textura macia, podem ser preparados na grelha ou no espeto. A seguir, uma seleção de receitas deliciosas. Escolha a sua e bom apetite

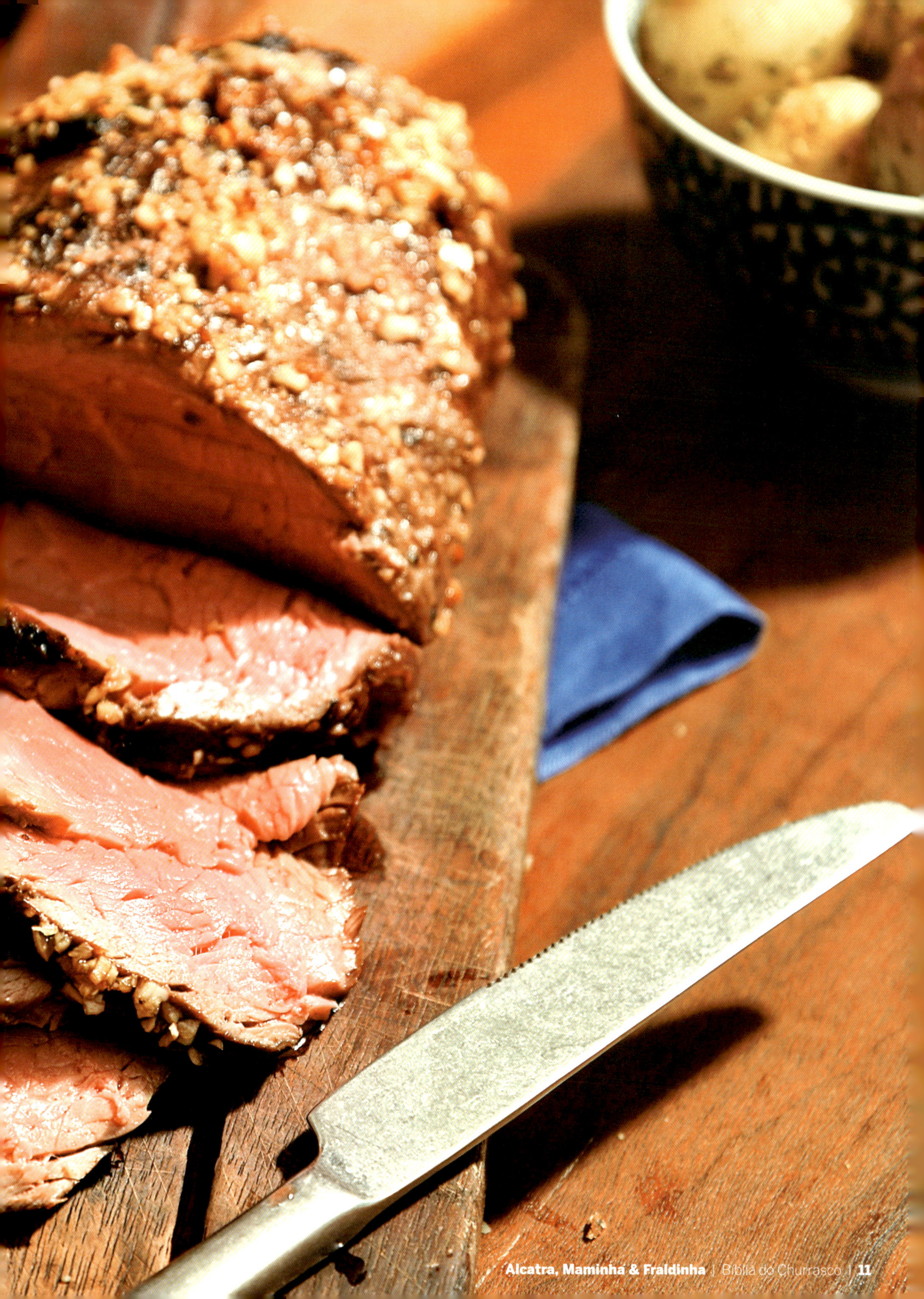

ALCATRA NO ESPETO

Rendimento: 8 porções
Tempo de preparo: 55 min.

INGREDIENTES
- 1 peça de alcatra inteira de aproximadamente 3,5 kg
- Sal grosso triturado em grãos médios a gosto
- Sal fino a gosto

MODO DE PREPARO
- Acenda o carvão na churrasqueira e deixe o braseiro ficar uniforme, por mais ou menos 40 minutos.
- Limpe bem a peça mantendo a capa de gordura.
- Espete a carne pelo comprimento, cubra com sal grosso e leve à churrasqueira, a 15 cm da brasa, por 5 minutos, até selar.
- Com a parte de trás da faca, retire o excesso de sal e leve a uma distância de 40 cm do fogo.
- Asse por 40 minutos, virando sempre.
- Retire o espeto do fogo e sirva fatias finas.
- Volte a carne para a brasa, tempere com um pouco de sal fino e espere dourar. Repita o procedimento até a carne terminar.

PARA HARMONIZAR COM O PRATO

A alcatra preparada ao modo tradicional vai bem com cervejas do tipo Vienna Lager. A forte presença de malte harmoniza perfeitamente com carnes magras. Tem cor entre o vermelho-claro e o cobre. Sirva entre 4°C e 6°C.

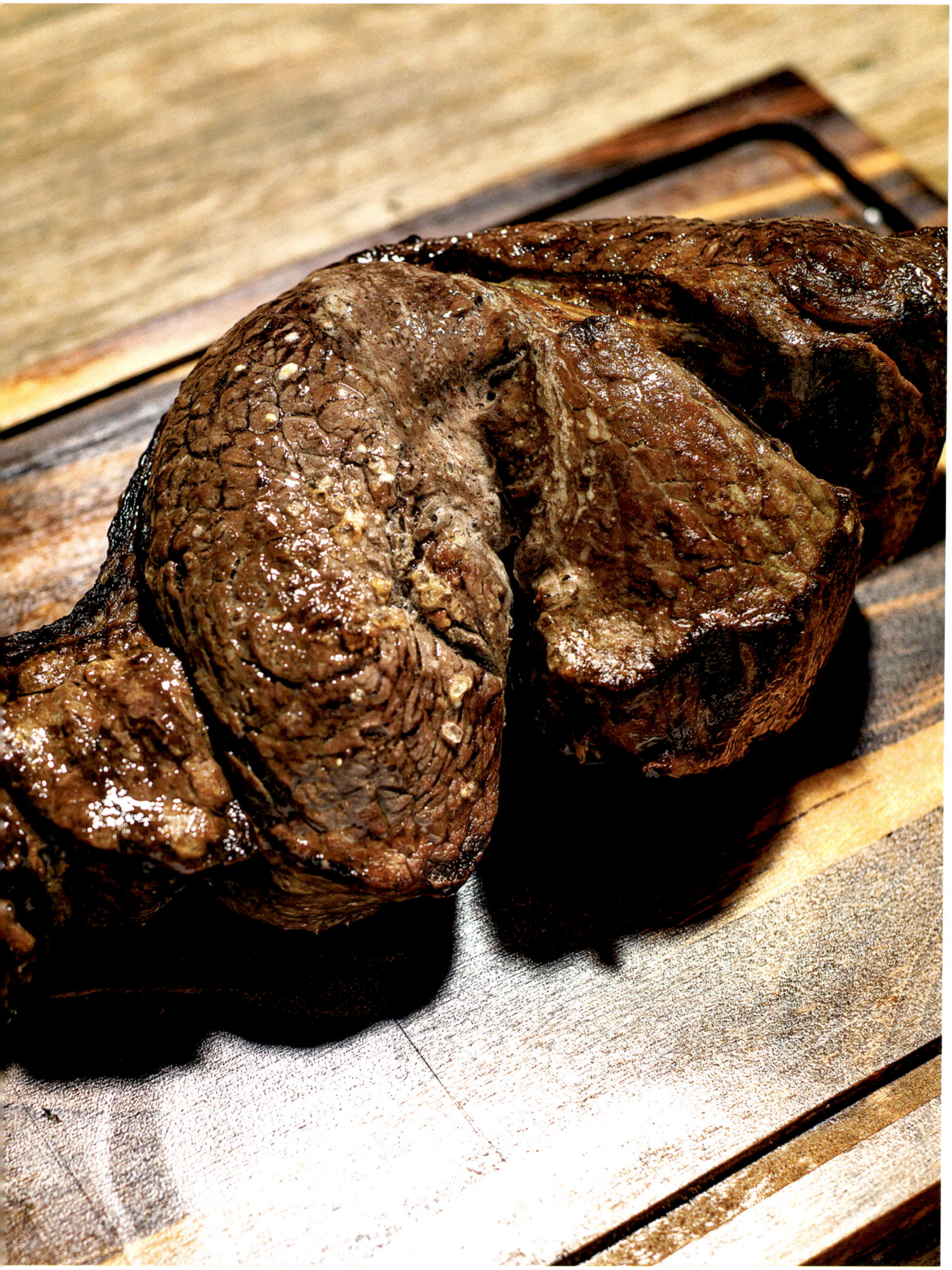

CHURRASCO ITALIANO

Rendimento: 8 porções
Tempo de preparo: 1h20

INGREDIENTES
- 1 miolo de alcatra cortado em bifes largos
- Sal fino a gosto
- Azeite a gosto
- 300 g de farinha de rosca de pão italiano
- 200 g de parmesão ralado
- 2 colheres (sopa) de cheiro-verde picado
- Pimenta-do-reino a gosto

MODO DE PREPARO
- Acenda o carvão na churrasqueira e deixe o braseiro ficar uniforme, por mais ou menos 40 minutos.
- Tempere os bifes com sal e azeite. Reserve.
- Em um recipiente, misture a farinha de rosca, o parmesão, o cheiro-verde, a pimenta-do-reino e uma pitada de sal.
- Passe os bifes por essa mistura, fazendo aderir bem.
- Coloque os bifes na grelha a 15 cm do fogo e regue com o azeite.
- Deixe por 15 minutos, virando de vez em quando.
- Suba para 30 cm e deixe mais 25 minutos.
- Quando a carne ficar crocante por fora e rosada por dentro está pronta. Sirva em seguida

PARA HARMONIZAR COM O PRATO

Este prato combina com cervejas tipo alemãs de baixa fermentação, como as Schwarzbier, que têm sabor frutado e amargor médio. Elas devem ser servidas entre 8°C e 12°C.

Alcatra, Maminha & Fraldinha | Bíblia do Churrasco | 15

BOMBOM DE ALCATRA COM MOSTARDA

Rendimento: 5 porções
Tempo de preparo: 1h

INGREDIENTES:
- 1 peça de bombom de alcatra
- Azeite a gosto
- Sal a gosto
- Mostarda a gosto

MODO DE PREPARO
- Acenda o carvão na churrasqueira e deixe o braseiro ficar uniforme, por mais ou menos 40 minutos.
- Corte a peça em bifes de 4 cm de espessura, tempere com o sal e o azeite.
- Pincele a mostarda em ambos os lados da carne.
- Leve para a grelha a uma altura de 15 cm da brasa. Quando começar a soltar líquidos, vire a carne e deixe por mais 10 minutos ou até ficar dourada. Sirva em seguida.

PARA HARMONIZAR COM O PRATO

A acidez da mostarda harmoniza muito bem com cervejas tipo Weissbier, que têm teor alcoólico de 5,4% e sabor final seco. Sirva entre 7°C e 10°C

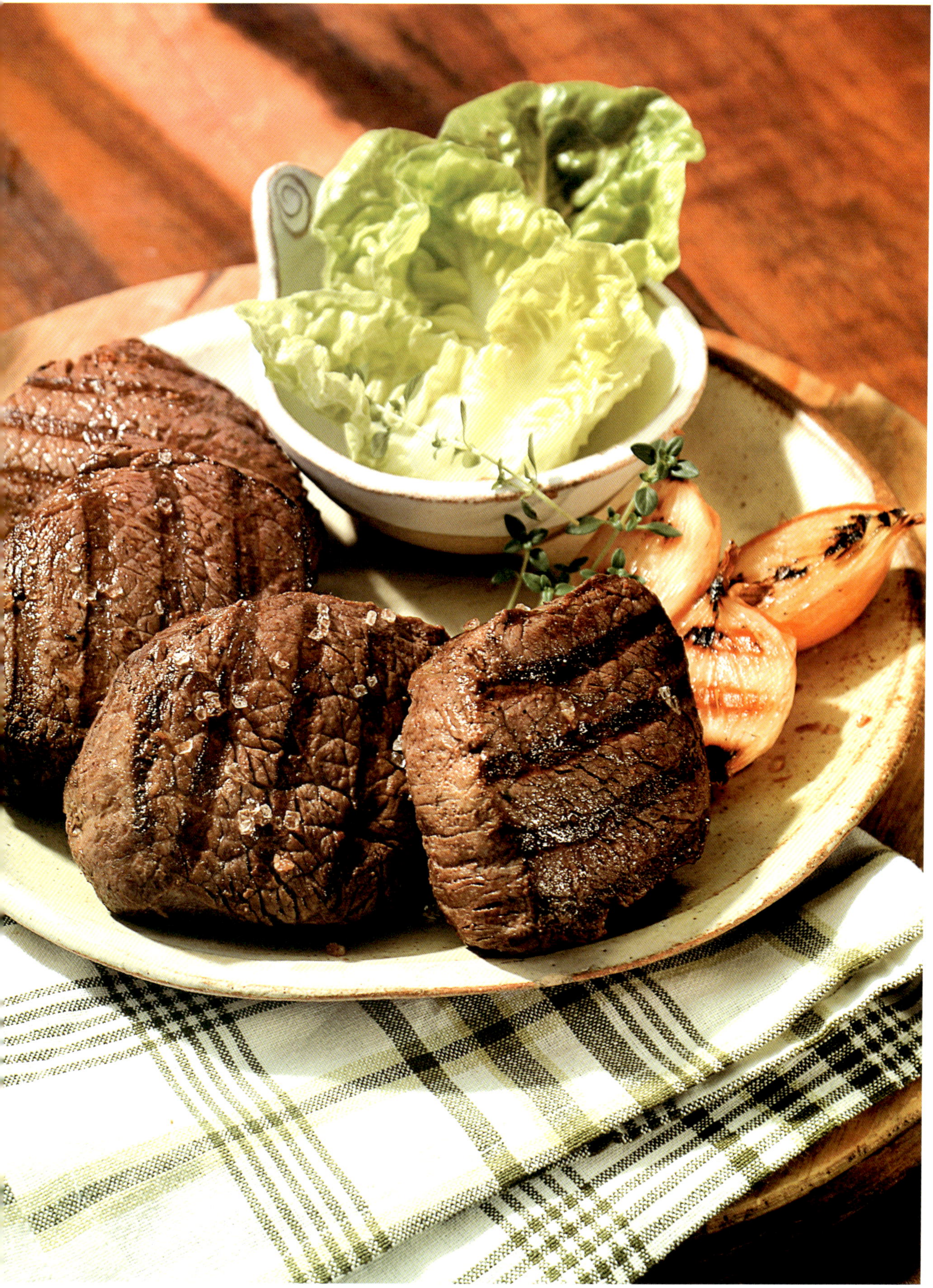

BOMBOM DE ALCATRA COM MOLHO DE CERVEJA

Rendimento: 5 porções
Tempo de preparo: 1h10

INGREDIENTES
- 1 peça de bombom de alcatra
- Azeite a gosto
- Sal fino a gosto
- Pimenta-do-reino a gosto
- 2 colheres (sopa) de manteiga
- 1 colher (sobremesa) de alho desidratado
- 1 colher (sobremesa) de cebola desidratada
- 1 colher (sopa) de pimenta biquinho
- 1 copo (250 ml) de cerveja clara

MODO DE PREPARO
- Acenda o carvão na churrasqueira e deixe o braseiro ficar uniforme, por mais ou menos 40 minutos.
- Corte a peça em medalhões de 4 cm de expessura.
- Tempere com sal, azeite e pimenta-do-reino.
- Leve para a grelha a 15 cm da brasa, até os medalhões começarem a soltar líquidos. Vire-os e deixe por mais 10 minutos, ou até ficarem dourados.
- Enquanto a carne assa na churrasqueira, prepare o molho. Numa frigideira, derreta a manteiga, acrescente o alho e a cebola desidratados, misture bem. Coloque a cerveja e a pimenta. Abaixe o fogo e deixe reduzir 1/3 do volume.
- Retire a carne do fogo, coloque em um prato e regue com o molho.

PARA HARMONIZAR COM O PRATO

Carnes vermelhas combinam com cervejas do tipo IPA (India Pale Ale), que têm teor alcoólico médio, amargor e aroma floral. É uma bebida refrescante que deve ser servida entre 5°C e 8°C

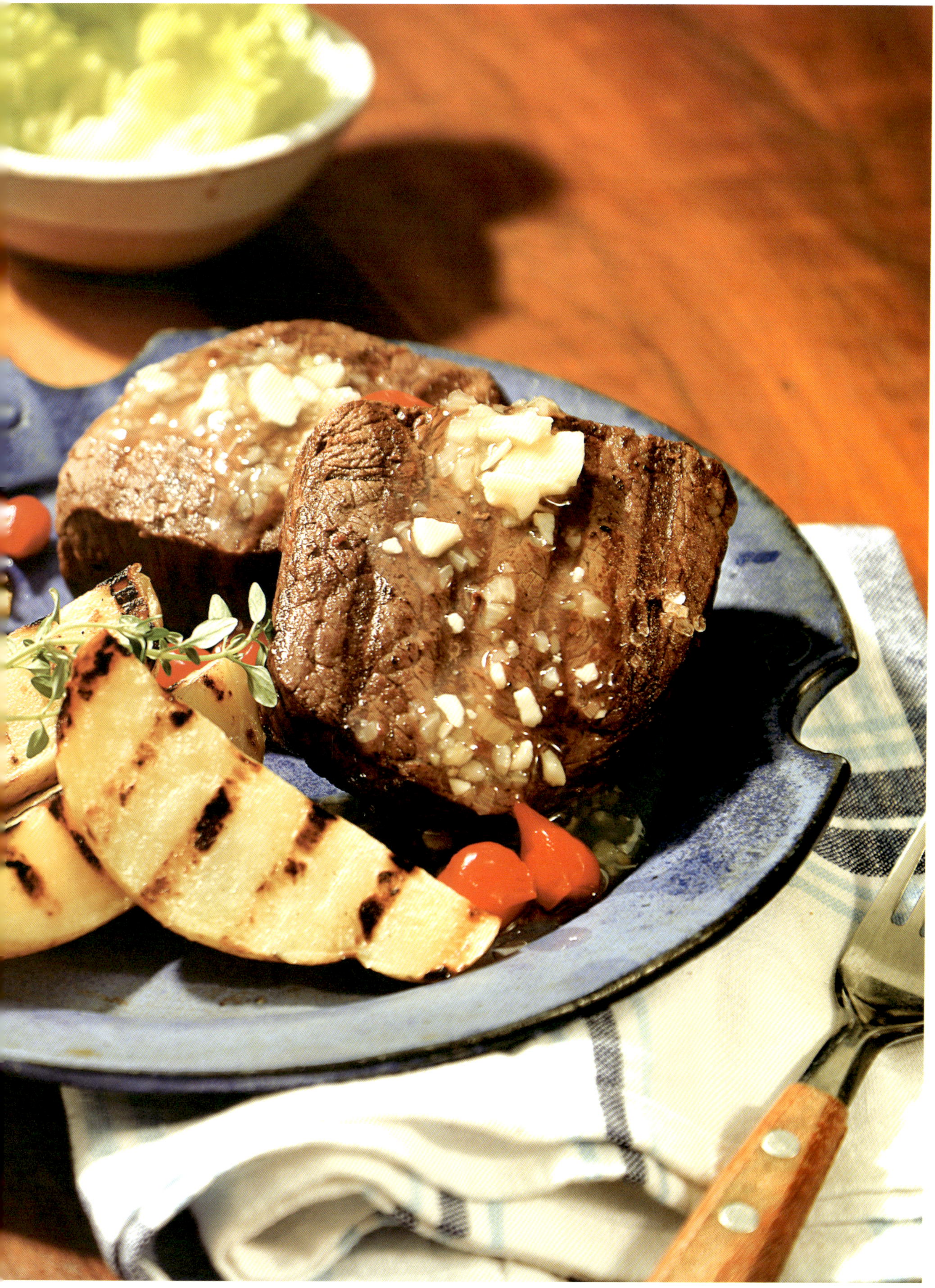

FRALDINHA NA GRELHA

Rendimento: 3 porções
Tempo de preparo: 1h10

INGREDIENTES
- 1 peça de fraldinha
- Sal grosso triturado em grãos finos a gosto

MODO DE PREPARO
- Acenda o carvão na churrasqueira e deixe o braseiro ficar uniforme, por mais ou menos 40 minutos.
- Limpe bem a fraldinha, retirando a membrana de gordura.
- Tempere com o sal grosso e leve à grelha, a uma altura de 15 cm da brasa.
- Vire quando a carne começar a soltar líquidos nas extremidades, deixe mais 5 minutos ou até desgrudar da grelha.
- Retire da churrasqueira e fatie no sentido perpendicular às fibras da carne. Sirva a seguir.

PARA HARMONIZAR COM O PRATO

A fraldinha preparada da maneira tradicional gaúcha vai bem com cervejas do tipo India Pale Ale. De alta fermentação, têm sabor forte de lúpulo, alto teor alcoólico, que varia de 5% a 7%, e sabor refrescante

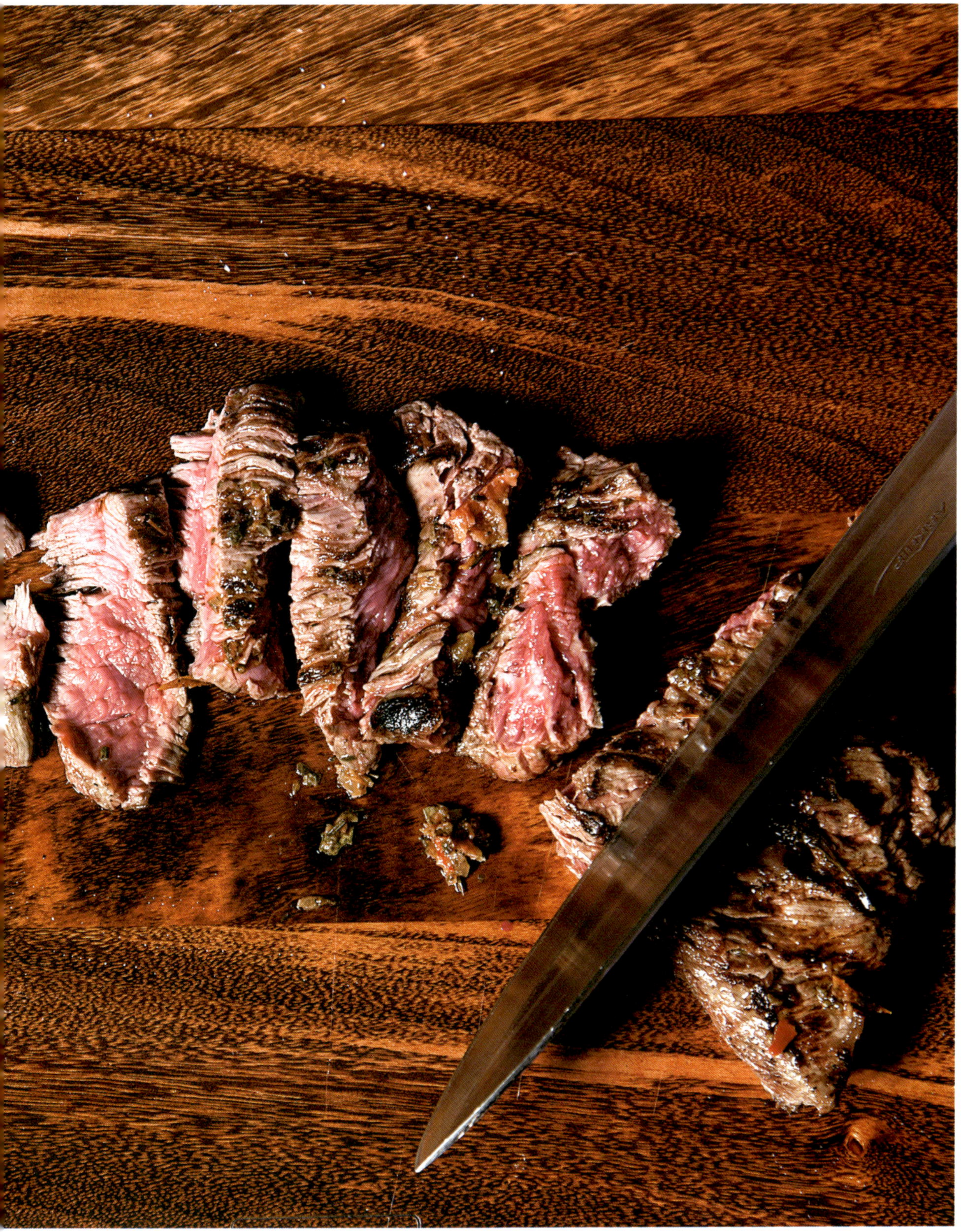

BOMBOM DE ALCATRA COM ALHO

Rendimento: 5 porções
Tempo de preparo: 1h

INGREDIENTES
- 1 peça de bombom de alcatra
- ½ xícara (chá) de óleo de girassol
- 1 pitada de pimenta-do-reino preta, moída na hora
- ½ xícara (chá) de sal grosso triturado em grãos finos
- 6 dentes de alho descascados e picados

MODO DE PREPARO
- Acenda o carvão na churrasqueira e deixe o braseiro ficar uniforme, por mais ou menos 40 minutos.
- Pincele a peça com o óleo de girassol, em seguida, tempere com a pimenta e o sal e deixe descansar por 15 minutos.
- Leve à grelha a uma distância de 30 cm do braseiro, por 5 minutos, vire e deixe mais 3 minutos.
- Retire da brasa e espalhe metade do alho picado sobre a carne. Deixe 3 minutos.
- Vire e espalhe o restante do alho. Deixe mais 3 minutos ou até dourar. Sirva em seguida.

PARA HARMONIZAR COM O PRATO

Carnes bem temperadas harmonizam com cervejas de sabor maltado, como as Bohemian Pilsen, que têm baixa fermentação e devem ser servidas geladas, entre 0°C e 4°C

Alcatra, Maminha & Fraldinha | Bíblia do Churrasco

MIOLO DE ALCATRA COM SHOYU

Rendimento: 8 porções
Tempo de preparo: 1h10

INGREDIENTES:
- 1 miolo de alcatra
- Shoyu a gosto

MODO DE PREPARO:
- Acenda o carvão na churrasqueira e deixe o braseiro ficar uniforme, por mais ou menos 40 minutos.
- Corte a peça de alcatra em filés.
- Em uma vasilha, tempere a carne com o shoyu.
- Leve para a grelha a uma distância de 15 cm da brasa até a carne começar a soltar líquidos.
- Vire e deixe por mais 10 minutos ou até ficarem dourados.
- Retire da churrasqueira e adicione um fio de shoyu.

PARA HARMONIZAR COM O PRATO

A alcatra preparada com shoyu vai bem com cervejas do estilo Vienna Lager, uma bebida leve, com sabor e aroma de malte. Sirva entre 4°C e 7°C

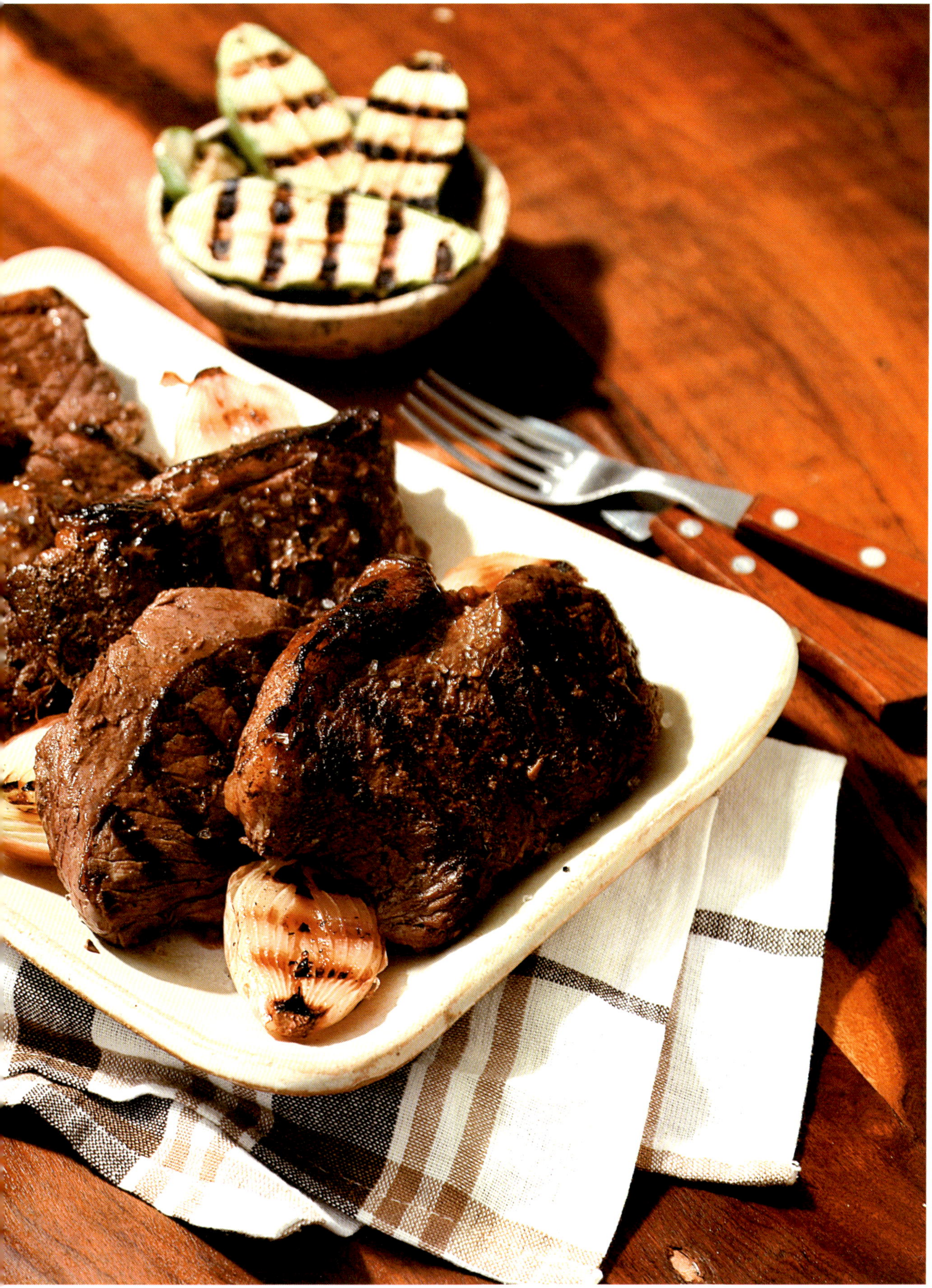

ALCATRA RECHEADA COM LINGUIÇA CALABRESA

Rendimento: 8 porções
Tempo de preparo: 1h30

INGREDIENTES
- 1 peça de miolo de alcatra
- 1 maço de salsa picada
- Sal grosso a gosto
- 50 g de pimenta dedo-de-moça
- 1 linguiça calabresa defumada
- Papel-celofane próprio para churrasco

MODO DE PREPARO
- Acenda o carvão na churrasqueira e deixe o braseiro ficar uniforme, por mais ou menos 40 minutos.
- Abra a peça da alcatra como uma manta, formando um grande bife.
- Polvilhe com salsa picada e tempere com sal e pimenta.
- Elimine a pele que recobre a linguiça calabresa e coloque-a inteira sobre uma das extremidades da carne. Em seguida, enrole como um rocambole, bem firme.
- Envolva a carne em papel-celofane, dando mais ou menos seis voltas, e torça as extremidades, fechando bem.
- Coloque a carne na churrasqueira a uma distância de 40 cm da brasa, deixe assar por aproximadamente 40 minutos.
- Retire o celofane da carne e baixe para 15 cm do fogo, deixando-a dourar por todos os lados. Retire da churrasqueira, corte e sirva.

PARA HARMONIZAR COM O PRATO

Esta receita tem alto teor de gordura e combina muito bem com cervejas do tipo India Pale Ale. De alta fermentação, têm sabor forte de lúpulo e alto teor alcoólico, que varia de 5% a 7%

Alcatra, Maminha & Fraldinha | Bíblia do Churrasco | 27

ALCATRA GRELHADA COM MOLHO DE VINHO TINTO

Rendimento: 8 porções
Tempo de preparo: 1h30

INGREDIENTES
- 1 miolo de alcatra
- 1 colher (sopa) rasa de sal grosso
- 1 colher (sopa) de manteiga sem sal
- 1 colher (sopa) de farinha de trigo
- ½ litro de vinho tinto suave
- ½ litro de suco de uva sem açúcar
- 1 cebola pequena picada
- 1 colher (chá) de tomilho

MODO DE PREPARO
- Acenda o carvão na churrasqueira e deixe o braseiro ficar uniforme, por mais ou menos 40 minutos.
- Tempere a alcatra com o sal grosso, leve à grelha com o fogo forte e a uma distância de 15 cm por 10 minutos. Vire e deixe mais 10 minutos.
- Suba para 30 cm e deixe mais 10 minutos de cada lado.
- Enquanto a carne assa, refogue a cebola na manteiga em fogo médio, acrescente a farinha de trigo e mexa até a mistura ficar homogênea.
- Coloque o vinho, depois o suco de uva e por último o tomilho, mexendo sempre até reduzir pela metade, o que leva cerca de 20 minutos. Acerte o sal e desligue.
- Retire a alcatra da grelha, fatie e regue generosamente com o molho de vinho.

PARA HARMONIZAR COM O PRATO

A alcatra com vinho combina com cervejas tipo inglesas, como a Brown Ale, que têm cor cobre, teor alcoólico de 4% a 5% e deve ser servida entre 8°C e 12°C

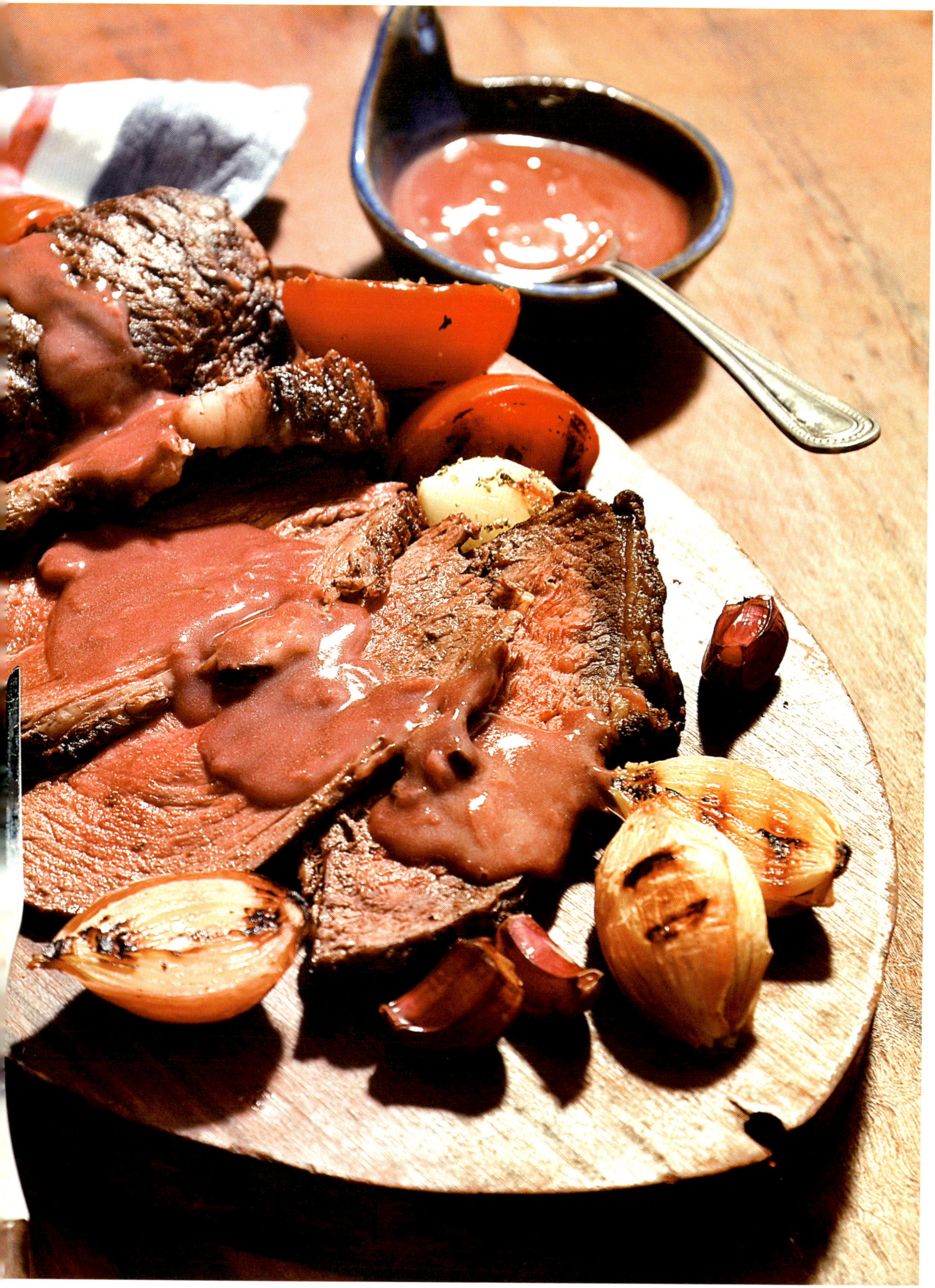

MIOLO DE ALCATRA RECHEADO

Rendimento: 8 porções
Tempo de preparo: 1h
Tempo de marinada: 12h

INGREDIENTES
- 1 peça de miolo de alcatra
- 50 g de alho moído
- 50 g de salsa
- 50 g de cebolinha
- Sal fino a gosto
- 1 taça de vinho branco
- ½ taça de vinagre tinto
- 400 g de queijo provolone

MODO DE PREPARO
- Acenda o carvão na churrasqueira e deixe o braseiro ficar uniforme, por mais ou menos 40 minutos.
- Limpe bem o miolo de alcatra, eliminando pele e nervos, corte a peça em cubos grandes, de aproximadamente 50 gramas cada.
- Tempere com o alho, a salsa, a cebolinha, o vinho, o vinagre e o sal e deixe marinar na geladeira por 12 horas.
- Recheie cada cubo com um pedaço de queijo e coloque em espetos.
- Leve ao fogo por 15 minutos, a uma distância de 30 cm da brasa, virando de vez em quando. Sirva em seguida.

PARA HARMONIZAR COM O PRATO

Pratos que levam provolone harmonizam bem com cervejas do tipo Bock, que têm sabor pronunciado de malte e alto teor alcoólico, 7%. Devem ser servidas entre 7°C e 10°C

Alcatra, Maminha & Fraldinha | Bíblia do Churrasco | 31

ALCATRA RECHEADA COM QUATRO QUEIJOS

Rendimento: 8 porções
Tempo de preparo: 1h20

INGREDIENTES
- 1 peça de miolo de alcatra
- ½ xícara (chá) de queijo gorgonzola
- ½ xícara (chá) de queijo parmesão
- ½ xícara (chá) de queijo provolone
- ½ xícara (chá) de queijo mozarela
- ½ colher (sopa) de orégano seco
- 2 colheres (sopa) de cheiro-verde picado
- Azeite a gosto
- Sal fino a gosto
- Papel-alumínio
- Palitos de dente

MODO DE PREPARO
- Acenda o carvão na churrasqueira e deixe o braseiro ficar uniforme, por mais ou menos 40 minutos.
- Em uma tigela, coloque todos os queijos cortados em cubos, acrescente o cheiro-verde, o orégano e o azeite. Misture bem e reserve.
- Com uma faca bem afiada, tire toda a gordura da carne e abra a peça de alcatra como uma manta. Repita a operação para conseguir 3 bifes grandes.
- Recheie cada bife com a mistura de queijos e enrole como um rocambole. Prenda com palitos.
- Abra um pedaço grande de papel-alumínio, espalhe o azeite e pitadas de sal. Acomode a carne, regue com mais azeite e enrole o papel-alumínio.
- Leve para a churrasqueira a 40 cm da brasa por 40 minutos. Retire da churrasqueira e sirva.

PARA HARMONIZAR COM O PRATO
Queijos fortes como o gorgonzola harmonizam com cervejas escuras, como as Stouts, que equilibram a gordura e dão toque sutil ao paladar. A bebida tem alto teor alcoólico, entre 7% e 8%

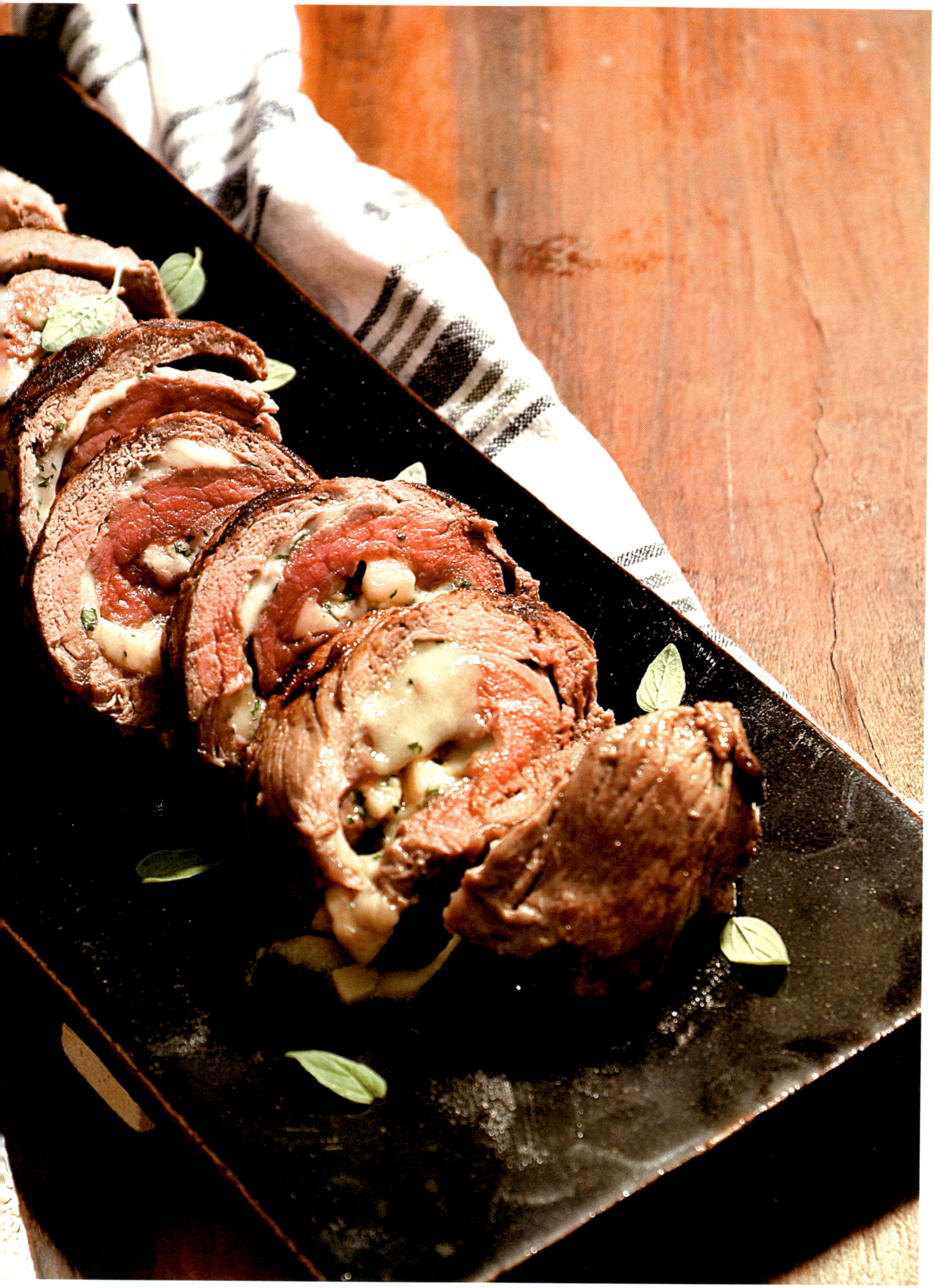

ESPETINHOS DE ALCATRA RECHEADOS

Rendimento: 8 porções
Tempo de preparo: 1h

INGREDIENTES
- 1 bife grande de alcatra
- 6 fatias de bacon
- Queijo parmesão ralado a gosto
- Azeite a gosto
- Sal fino a gosto
- Espetinhos de madeira

MODO DE PREPARO
- Acenda o carvão na churrasqueira e deixe o braseiro ficar uniforme, por mais ou menos 40 minutos.
- Divida a alcatra em dois bifes e tempere com o sal e o azeite.
- Recheie os bifes com o bacon e o parmesão e enrole como um rocambole.
- Corte fatias com 4 cm de espessura e coloque em espetinhos de madeira.
- Coloque na grelha a 40 cm da brasa por 20 minutos. Vire sempre, para assar por igual. Sirva assim que ficarem dourados.

PARA HARMONIZAR COM O PRATO

Carnes com queijos e bacon pedem uma cerveja encorpada e com boa potência alcoólica, como a Strong Dark Ale, que tem sabor amargo. Deve ser servida entre 10°C e 13°C

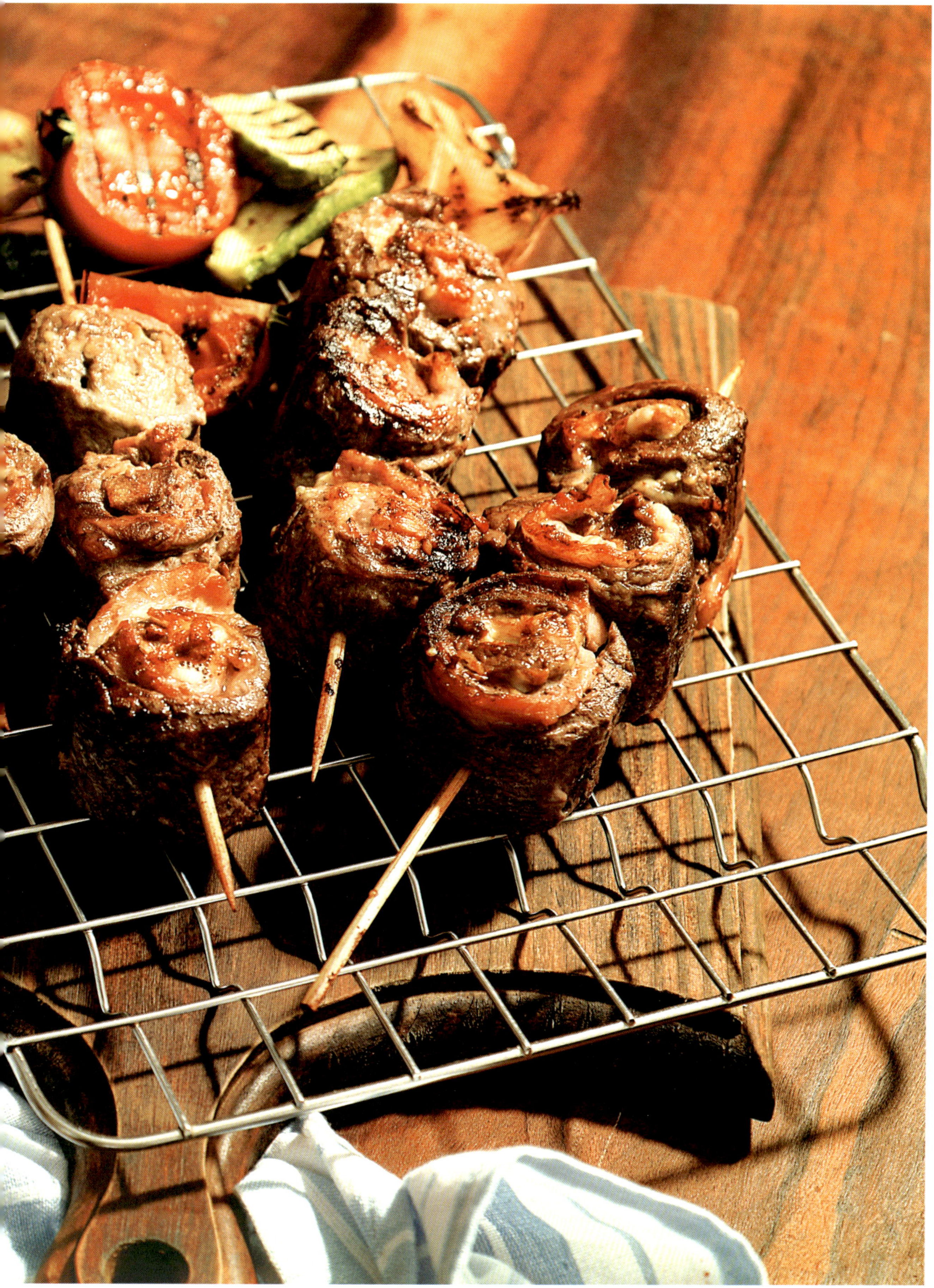

BIFE DE ALCATRA GRELHADO AO MOLHO DE CACHAÇA

Rendimento: 4 porções
Tempo de preparo: 1h

INGREDIENTES
- 4 bifes de alcatra com 5 cm de espessura
- Sal a gosto
- Pimenta-do-reino a gosto
- 6 dentes de alho amassados
- 2 colheres (sopa) de manteiga
- 2 colheres (sopa) de cebola picada bem fina
- 1 xícara de cachaça
- 2 colheres (chá) de amido de milho
- 1 tablete de caldo de carne
- 1 xícara de água morna

MODO DE PREPARO
- Acenda o carvão na churrasqueira e deixe o braseiro ficar uniforme, por mais ou menos 40 minutos.
- Tempere os bifes com o sal, a pimenta-do-reino e o alho. Deixe descansar por 25 minutos.
- Leve a carne para a grelha, a uma distância de 15 cm da brasa. Quando a carne começar a soltar líquido é hora de virar. Deixe por mais 10 minutos e estará pronto para servir.
- Enquanto a carne grelha, refogue a cebola na manteiga em fogo médio por 4 minutos ou até ficar transparente. Acrescente a cachaça e deixe reduzir por 1 minuto.
- Dissolva bem o amido de milho e o caldo de carne na água, junte aos poucos essa mistura ao molho, mexendo sem parar, até formar um caldo encorpado. Desligue o fogo.
- Arrume os bifes grelhados numa travessa e regue com o molho de cachaça. Sirva em seguida.

PARA HARMONIZAR COM O PRATO

A alcatra com cachaça combina com cervejas tipo inglesas, como a Brown Ale, que tem cor cobre, teor alcoólico de 4% a 5% e deve ser servida entre 8°C e 12°C

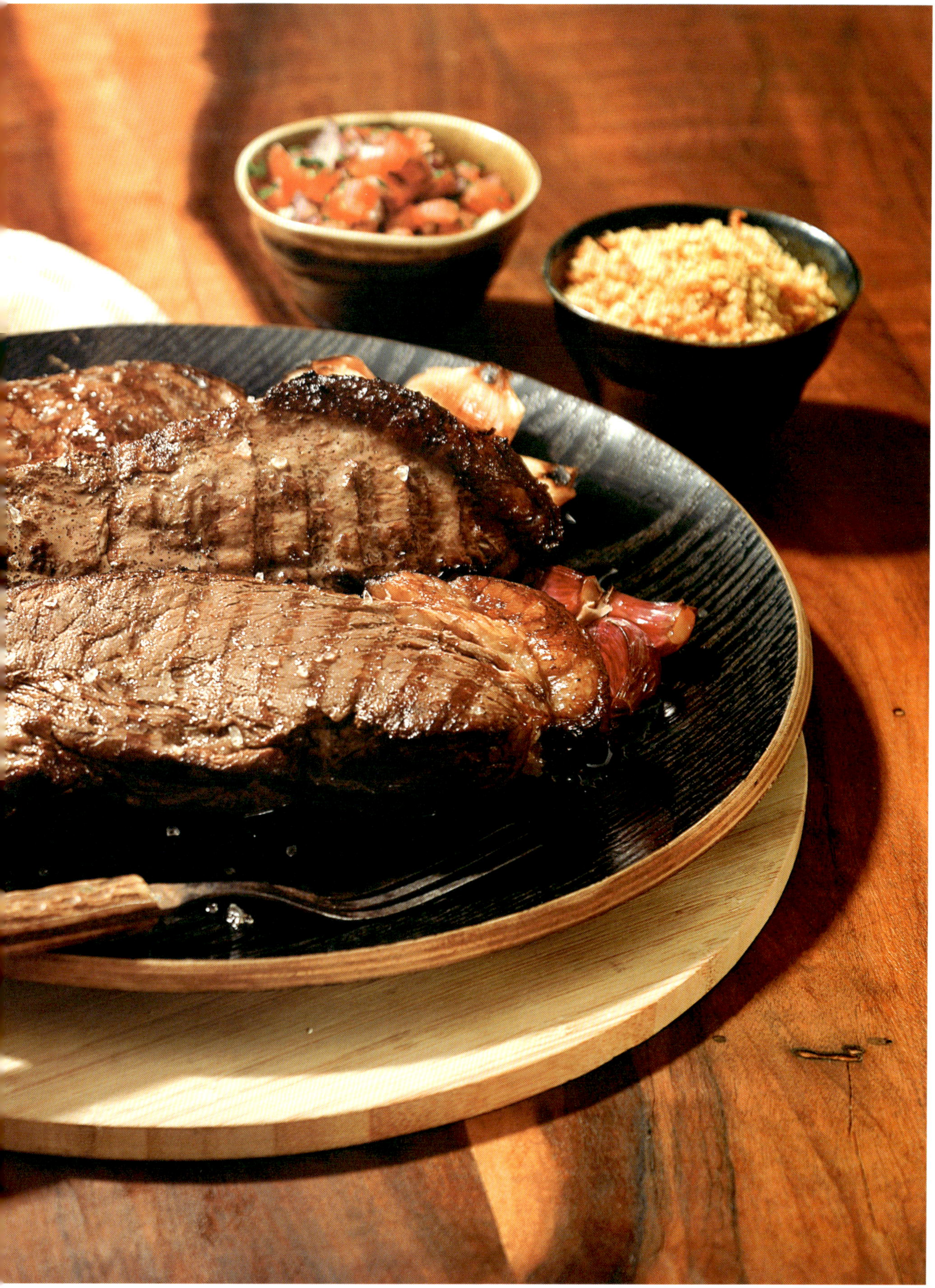

MIOLO DE ALCATRA COM CHAMPIGNON

Rendimento: 8 porções
Tempo de preparo: 1h10

INGREDIENTES
- 1 peça de miolo de alcatra
- Azeite a gosto
- Sal grosso a gosto
- 2 colheres (sopa) de manteiga
- 2 colheres (sopa) de Azeite
- 1 xícara (chá) de champignon em conserva
- 2 colheres (sopa) de azeitonas pretas picadas
- 2 colheres (sopa) de salsinha

MODO DE PREPARO
- Acenda o carvão na churrasqueira e deixe o braseiro ficar uniforme, por mais ou menos 40 minutos.
- Limpe a peça de alcatra e separe em bifes.
- Tempere com azeite, salpique o sal grosso e leve para a grelha. Deixe a 15 cm da brasa, até os bifes começarem a soltar líquidos. Vire-os e deixe por mais 10 minutos ou até ficarem dourados.
- Enquanto a carne assa na churrasqueira, prepare o molho. Em uma frigideira, misture a manteiga com o azeite e refogue os champignons, mexendo sempre até dourar.
- Adicione as azeitonas e a salsinha, mexa e desligue o fogo.
- Retire a carne da churrasqueira, coloque em um prato e regue com o molho. Sirva em seguida.

PARA HARMONIZAR COM O PRATO

A alcatra com champignon harmoniza com cervejas encorpadas, com sabor de caramelo, como a Bock, ou de lúpulo terroso, como a Bitter Ale. As duas devem ser servidas em temperatura ambiente.

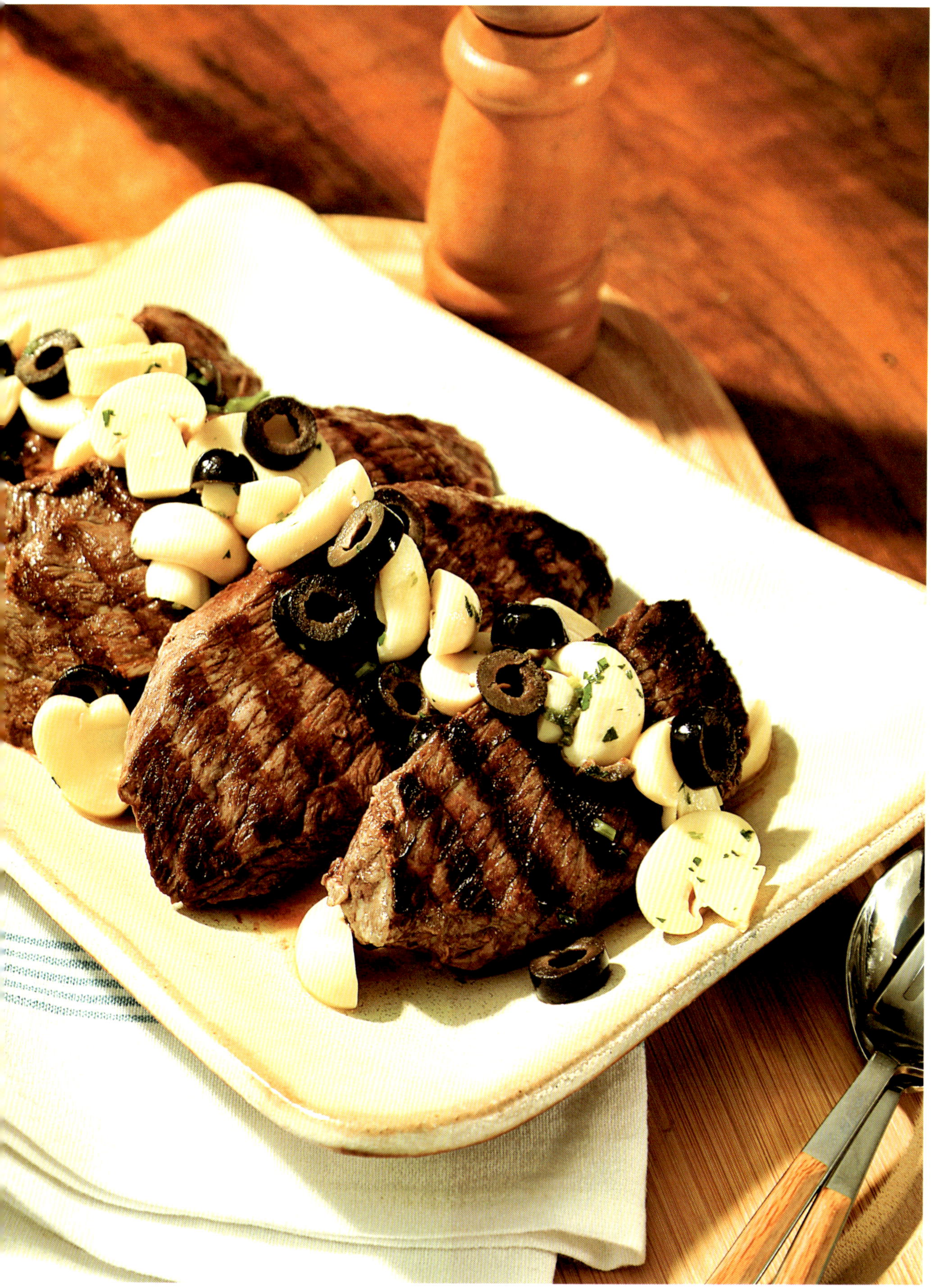

MIOLO DE ALCATRA RECHEADO COM LINGUIÇA TOSCANA

Rendimento: 8 porções
Tempo de preparo: 1h30

INGREDIENTES
- 1 peça de miolo de alcatra
- Sal grosso triturado a gosto
- 500 g de linguiça toscana sem a pele
- 1 xícara (chá) de bacon em cubos
- 2 colheres (sopa) de cheiro-verde picado
- 2 colheres (sopa) de manjericão
- Azeite a gosto
- Papel-alumínio

MODO DE PREPARO
- Acenda o carvão na churrasqueira e deixe o braseiro ficar uniforme, por mais ou menos 40 minutos.
- Em um recipiente, misture a linguiça, o bacon, o manjericão e o cheiro-verde. Reserve.
- Faça um corte no meio da alcatra com uma faca bem afiada, formando um envelope e tomando cuidado para não abrir a outra extremidade.
- Recheie com a mistura de linguiça e bacon, tempere com o sal grosso.
- Abra um pedaço grande de papel-alumínio, espalhe o azeite e o manjericão e acomode a carne. Salpique mais manjericão, regue com azeite e feche o papel.
- Leve para a churrasqueira a uma altura de 40 cm por 40 minutos.
- Tire o papel-alumínio e volte à churrasqueira para dourar, virando de vez em quando.
- Retire da brasa, fatie e sirva em seguida.

PARA HARMONIZAR COM O PRATO

Esta receita tem alto teor de gordura e combina muito bem com cervejas do tipo India Pale Ale. De alta fermentação, têm sabor forte de lúpulo e alto teor alcoólico, que varia de 5% a 7%

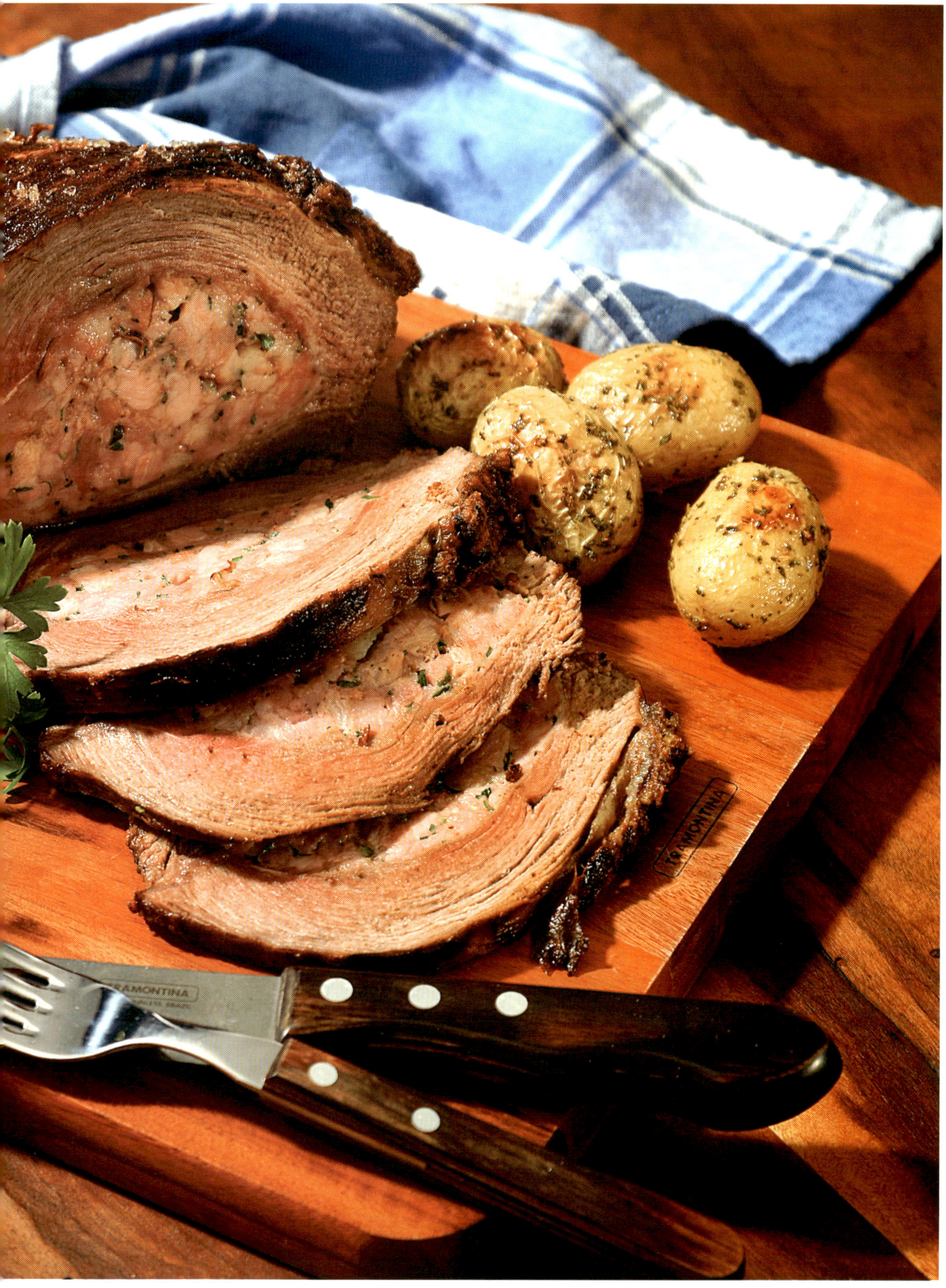
TRAMONTINA
TRAMONTINA

MAMINHA COM BACON E PROVOLONE

Rendimento: 5 porções
Tempo de preparo: 1h30

INGREDIENTES
- 1 peça de maminha
- 300 g de queijo provolone cortado em cubos
- 150 g de bacon em fatias finas
- 100 g de azeitonas verdes picadas
- Sal grosso em grãos médios a gosto
- Papel-celofane para churrasco
- Barbante culinário

MODO DE PREPARO
- Acenda o carvão na churrasqueira e deixe o braseiro ficar uniforme, por mais ou menos 40 minutos.
- Limpe bem a peça de maminha, retirando toda a pele e mantendo a película de gordura.
- Introduza uma faca bem afiada no centro da peça até alcançar a outra extremidade, formando uma bolsa com 4 cm de largura. Reserve.
- Em um recipiente, misture o provolone, o bacon e as azeitonas. Recheie a maminha com essa mistura e feche as extremidades com palitos.
- Passe o sal grosso pela peça e retire o excesso.
- Envolva a maminha com o papel-celofane, dando 5 voltas. Rnrole as pontas do papel e amarre com barbante.
- Leve à grelha a uma altura de 40 cm da brasa por 20 minutos de cada lado.
- Retire o papel-celofane, volte para a grelha, agora a 30 cm do fogo, até dourar.
- Deixe descansar por 5 minutos e sirva.

PARA HARMONIZAR COM O PRATO

Queijos como o provolone vão bem com cervejas de aroma defumado, como as alemãs Rauchbier. Elas têm baixo amargor e teor alcoólico médio

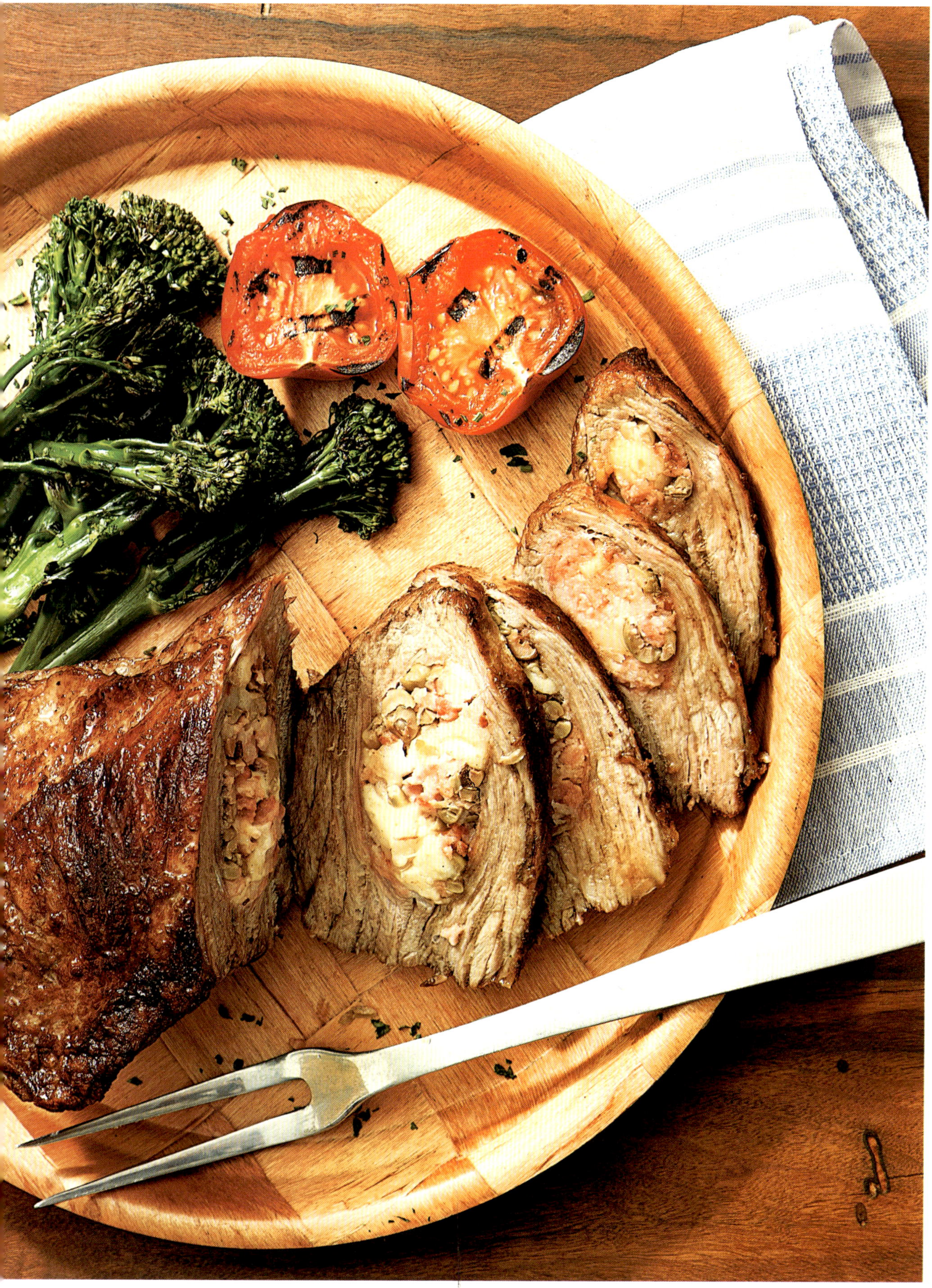

MAMINHA COM ORÉGANO FRESCO

Rendimento: 5 porções
Tempo de preparo: 1h30

INGREDIENTES
- 1 peça de maminha
- 2 colheres (sopa) de manteiga sem sal
- 3 colheres (sopa) de orégano fresco
- Sal grosso em grãos médios a gosto

MODO DE PREPARO
- Acenda o carvão na churrasqueira e deixe o braseiro ficar uniforme, por mais ou menos 40 minutos.
- Limpe bem a peça de maminha, retirando toda a pele e mantendo a película de gordura.
- Faça uma pasta com a manteiga, o sal e o orégano, espalhe muito bem a mistura pela carne.
- Passe a peça pelo sal grosso e leve à grelha da churrasqueira a uma distância de 40 cm da brasa. Depois de 8 minutos, retire o excesso de sal com a parte de trás da faca.
- Deixe assar por aproximadamente 20 minutos de cada lado ou até ficar dourada.
- Retire da churrasqueira e sirva em fatias.

PARA HARMONIZAR COM O PRATO
A receita vai bem com cervejas do tipo India Pale Ale. De alta fermentação, têm sabor forte de lúpulo, alto teor alcoólico, que varia de 5% a 7%, e sabor refrescante

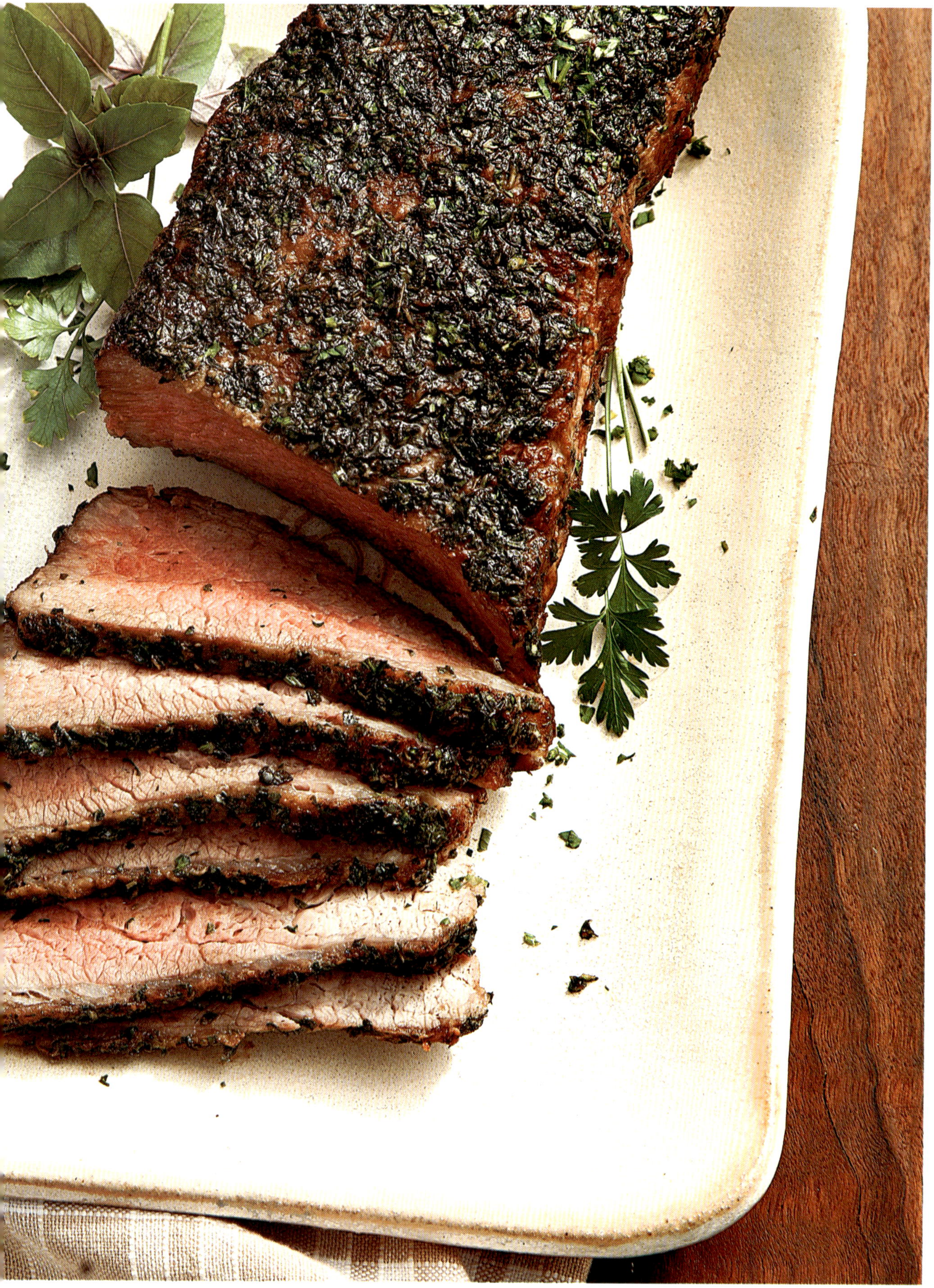

MAMINHA RECHEADA

Rendimento: 5 porções
Tempo de preparo: 1h30

INGREDIENTES
- 1 peça de maminha
- 1 cenoura ralada
- 1 tomate picado
- 3 dentes de alho picado a gosto
- 1 cebola picada
- 4 linguiças de pernil sem a pele
- Sal grosso em grãos médios a gosto

MODO DE PREPARO
- Acenda o carvão na churrasqueira e deixe o braseiro ficar uniforme, por mais ou menos 40 minutos.
- Limpe bem a peça de maminha, retirando toda a pele e mantendo a película de gordura.
- Faça um furo no centro da peça sem chegar à outra extremidade. Reserve.
- Em um recipiente, misture a cenoura, o tomate, o alho, a cebola e as linguiças.
- Pegue a maminha reservada e recheie com a mistura.
- Tempere a peça com o sal grosso e leve à grelha da churrasqueira a uma distância de 40 cm da brasa. Depois de 8 minutos, retire o excesso de sal com a parte de trás da faca.
- Deixe assar por aproximadamente 20 minutos de cada lado ou até ficar dourada.
- Retire da churrasqueira e sirva em fatias.

PARA HARMONIZAR COM O PRATO

Esta receita tem alto teor de gordura e combina muito bem com cervejas do tipo India Pale Ale. De alta fermentação, têm sabor forte de lúpulo e alto teor alcoólico, que varia de 5% a 7%

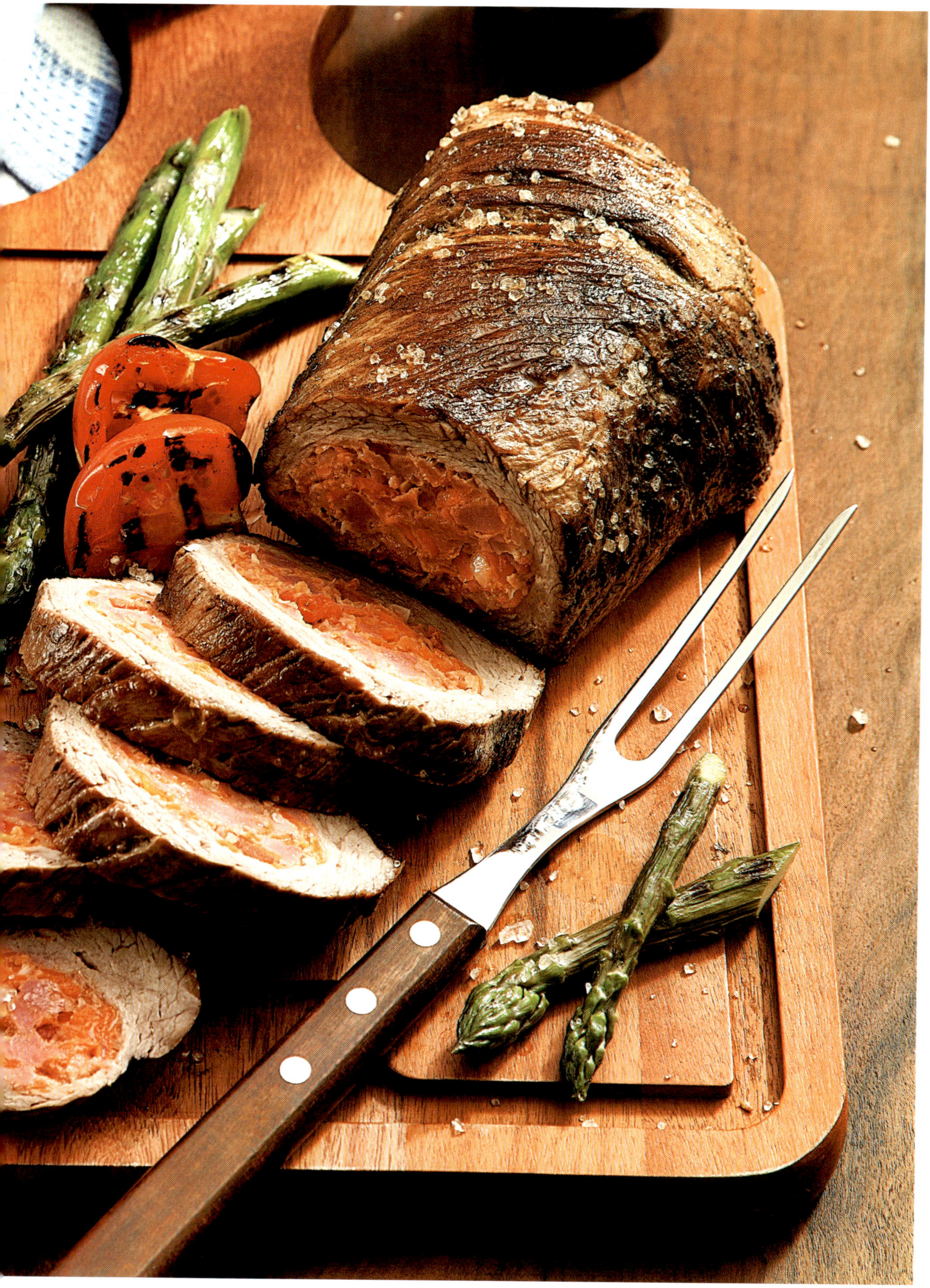

FRALDINHA COM COGUMELOS

Rendimento: 5 porções
Tempo de preparo: 1h

INGREDIENTES
- 1 peça de fraldinha
- Pimenta-do-reino a gosto
- Sal grosso triturado a gosto
- 1 xícara de cogumelo funghi reidratado
- 1 colher (sopa) de salsa picada
- 1 pimenta vermelha fatiada
- Azeite de oliva a gosto
- Sal fino a gosto

MODO DE PREPARO
- Acenda o carvão na churrasqueira e deixe o braseiro ficar uniforme, por mais ou menos 40 minutos.
- Limpe completamente a fraldinha, eliminando toda a pele e a gordura. Tempere os dois lados com um pouco do sal triturado.
- Coloque a peça a uma distância de 15 cm do fogo para dourar por 4 minutos de cada lado.
- Suba a grelha para 40 cm da brasa, onde deve assar por mais 20 minutos, virando de vez em quando.
- Enquanto isso faça, o molho: numa frigideira, refogue o cogumelo e a pimenta no azeite. Desligue o fogo, acrescente a salsa picada, tempere com sal e reserve.
- Quando a carne estiver pronta, sirva as fatias cobertas com o molho de funghi.

PARA HARMONIZAR COM O PRATO

A fraldinha com cogumelos harmoniza com cervejas encorpadas, com sabor de caramelo, como a Bock, ou de lúpulo terroso, como a Bitter Ale. As duas devem ser servidas em temperatura ambiente.

Alcatra, Maminha & Fraldinha | Bíblia do Churrasco

FRALDINHA COM PROVOLONE

Rendimento: 5 porções
Tempo de preparo: 1h20

INGREDIENTES
- 1 peça de fraldinha
- Sal grosso triturado a gosto
- 2 colheres (sopa) de azeite
- 200 g de provolone em tiras

MODO DE PREPARO
- Acenda o carvão na churrasqueira e deixe o braseiro ficar uniforme, por mais ou menos 40 minutos.
- Limpe completamente a fraldinha, eliminando toda a pele e a gordura. Faça furos na peça com uma faca fina e coloque as tiras do provolone dentro dos cortes.
- Tempere com um pouco de sal grosso triturado e pincele com o azeite.
- Leve à churrasqueira a uma distância de 40 cm da brasa e deixe assar por aproximadamente 40 minutos, virando a peça de vez em quando.
- Assim que a fraldinha estiver dourada, retire da churrasqueira e sirva imediatamente.

PARA HARMONIZAR COM O PRATO

Queijos como o provolone vão bem com cervejas de aroma defumado, como as alemãs Rauchbier. Elas têm baixo amargor e teor alcoólico médio

Alcatra, Maminha & Fraldinha | Bíblia do Churrasco | 51

FRALDINHA COM MOLHO CHIMICHURRI

Rendimento: 3 porções
Tempo de preparo: 1h10

INGREDIENTES
- 1 peça de fraldinha
- Sal grosso triturado em grãos finos a gosto
- 2 colheres (sopa) de salsinha desidratada
- 2 colheres (sopa) de alho e cebola desidratados
- 1 colher (sopa) de pimenta-malagueta desidratada
- 1 colher (sopa) de pimenta calabresa
- 1 colher (sopa) de pimenta-do-reino
- 1 colher (sopa) de cebolinha desidratada
- 1 colher (sopa) de louro picado
- 1 colher (sopa) de orégano desidratado
- 300 ml de azeite
- 150 ml de vinagre de vinho branco

MODO DE PREPARO
- Acenda o carvão na churrasqueira e deixe o braseiro ficar uniforme, por mais ou menos 40 minutos.
- Limpe bem a fraldinha, retirando a membrana e a gordura.
- Tempere com o sal grosso e leve à grelha, a uma altura de 15 cm da brasa.
- Vire quando a carne começar a soltar líquidos nas extremidades, deixe mais 5 minutos ou até desgrudar da grelha.
- Enquanto a carne assa, misture todos os ingredientes restantes e reserve.
- Retire a carne da churrasqueira e sirva com o molho.

PARA HARMONIZAR COM O PRATO

Carnes bem temperadas harmonizam com cervejas de sabor maltado, como as Bohemian Pilsen, que têm baixa fermentação e devem ser servidas geladas, entre 0°C e 4°C.

Alcatra, Maminha & Fraldinha | Bíblia do Churrasco

CHURRASCO NO DIA A DIA

Para aqueles dias em que você está com vontade de comer uma boa carne grelhada e não dispõe de muito tempo para preparar, selecionamos receitas deliciosas e superfáceis de fazer. Bom apetite!

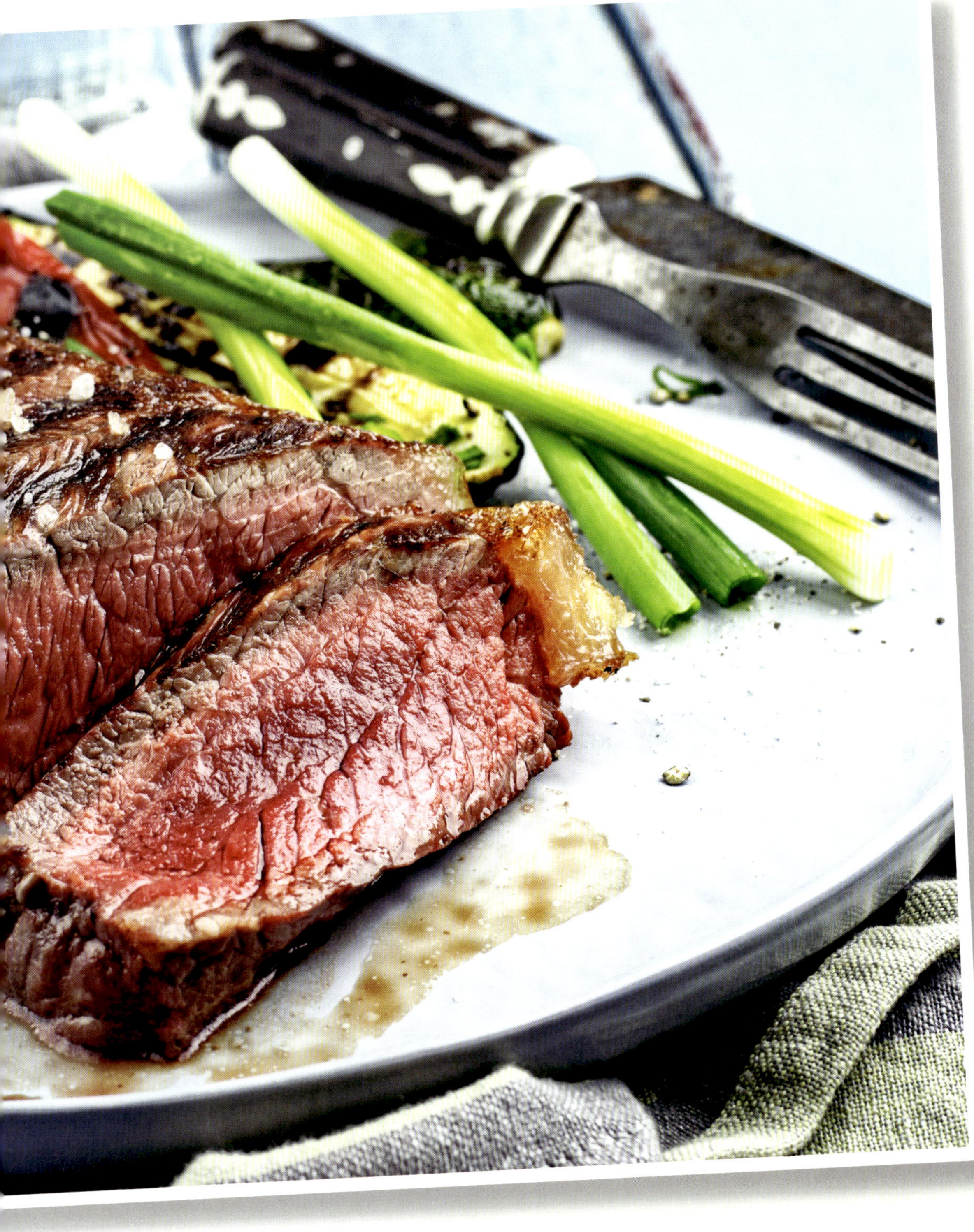

MIOLO DE ALCATRA COM AZEITE DE ERVAS

Rendimento: 8 porções
Tempo de preparo: 1h45

INGREDIENTES
- 1 peça de miolo de alcatra
- ⅓ de xícara (chá) de azeite de oliva
- 1 e ½ colher (sopa) de sal fino
- ¼ de xícara (chá) de mix de ervas secas

MODO DE PREPARO
- Acenda o carvão na churrasqueira e deixe o braseiro ficar uniforme, por mais ou menos 40 minutos.
- Limpe bem a carne e com o auxílio de uma faca, fure a peça. Reserve.
- Misture o azeite, o sal e o mix de ervas. Espalhe a mistura por toda a carne e embrulhe-a em papel-alumínio.
- Disponha a peça na grelha a uma altura de 40 cm da brasa com a gordura virada para cima. Asse por 45 minutos.
- Tire o papel-alumínio, desça a carne para 15 cm e deixe dourar mais 5 minutos.
- Retire da churrasqueira e espere 2 minutos antes de fatiar.

MAMINHA AO SHOYU

Rendimento: 8 porções
Tempo de preparo: 1h30

INGREDIENTES
- 1 peça de maminha
- 500 ml de molho shoyu
- 1 colher (chá) de sal grosso triturado em grãos médios

MODO DE PREPARO
- Acenda o carvão na churrasqueira e deixe o braseiro ficar uniforme, por mais ou menos 40 minutos.
- Enquanto isso, coloque a carne para marinar por 5 minutos numa mistura de molho shoyu com o sal.
- Leve a carne à grelha da churrasqueira a uma distância de 40 cm da brasa.
- Deixe assar por aproximadamente 20 minutos de cada lado ou até ficar dourada.
- Retire da churrasqueira e sirva em fatias.

MIOLO DE ALCATRA AO MOLHO PESTO

Rendimento: 8 porções
Tempo de preparo: 1h30

INGREDIENTES
- 1 peça de miolo de alcatra
- 4 dentes de alho
- 2 xícaras (chá) de folhas frescas de manjericão
- ⅓ de xícara (chá) de nozes
- ½ xícara (chá) de azeite de oliva
- 1 e ½ colher (sopa) de suco de limão
- Sal e pimenta-do-reino a gosto

MODO DE PREPARO
- Acenda o carvão na churrasqueira e deixe o braseiro ficar uniforme, por mais ou menos 40 minutos.
- Em um liquidificador, processe o alho, as nozes e o manjericão. Adicione o azeite em fio com o liquidificador ligado e junte o suco de limão, tempere com sal e pimenta-do-reino a gosto. Reserve.
- Disponha a peça na grelha a uma altura de 40 cm da brasa. Asse por 45 minutos.
- Desça a carne para 15 cm, pincele com o pesto e deixe dourar 5 minutos.
- Vire a carne, espalhe o pesto novamente e asse mais 5 minutos.
- Retire da churrasqueira e espere 2 minutos antes de fatiar.

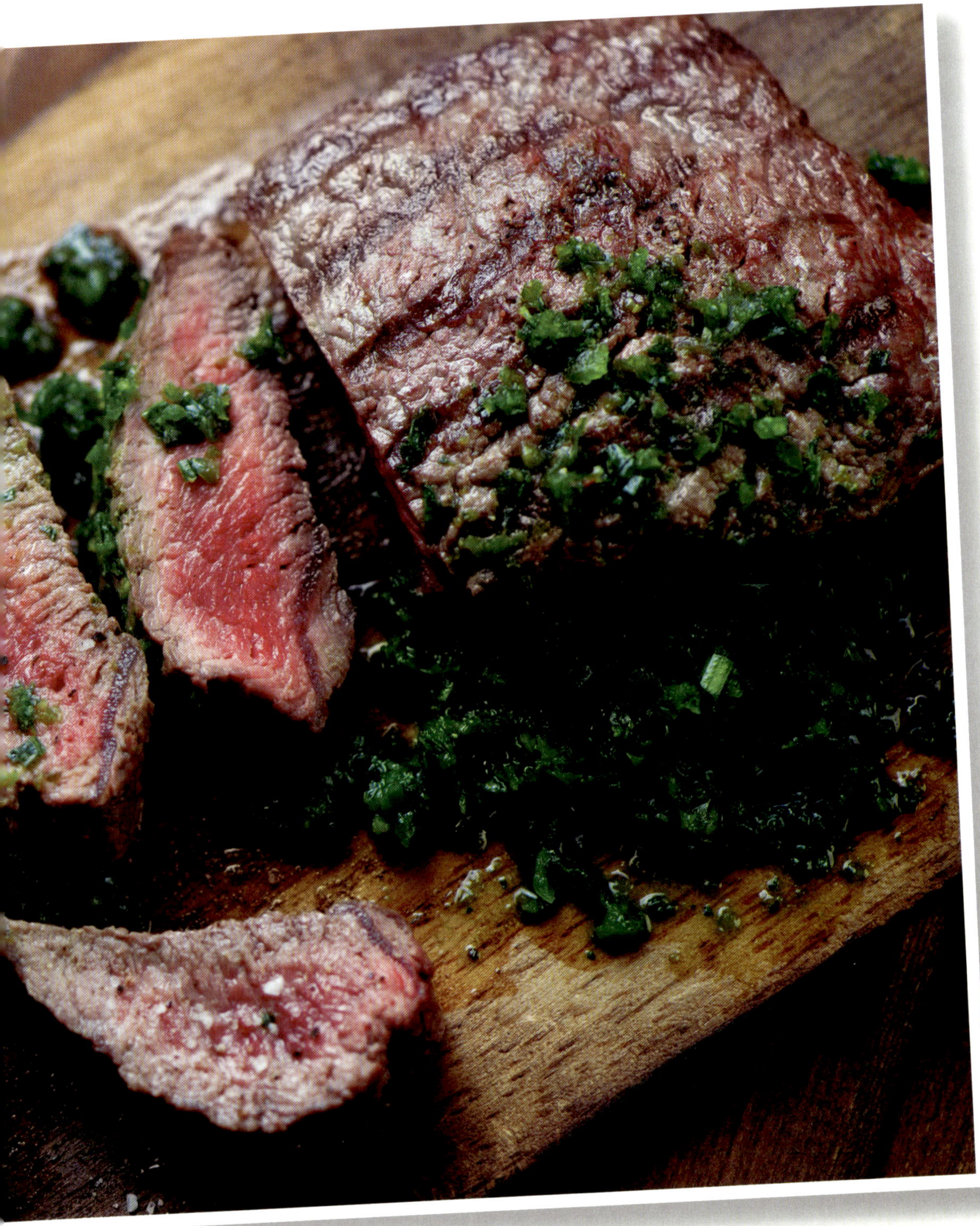

ALCATRA GRELHADA COM MANTEIGA DE ALECRIM

Rendimento: 5 porções
Tempo de preparo: 1h45

INGREDIENTES
- 1 kg de alcatra
- 100 g de manteiga sem sal
- 2 colheres (sopa) de alecrim
- Sal grosso em grãos médios a gosto

MODO DE PREPARO
- Acenda o carvão na churrasqueira e deixe o braseiro ficar uniforme, por mais ou menos 40 minutos.
- Limpe bem a alcatra sem furar a carne.
- Faça cortes pouco profundos, cubra com sal grosso e deixe descansar por 6 minutos.
- Retire bem o excesso de sal e leve à brasa. Coloque na grelha a uma distância de 30 centímetros do fogo por 40 minutos.
- Misture a manteiga com o alecrim num processador de alimentos e reserve.
- Vire a carne e deixe dourar por 15 minutos.
- Retire da churrasqueira e deixe descansar por 3 minutos.
- Espalhe a mistura de manteiga por toda a carne, fatie e sirva em seguida.

MAMINHA SABOROSA

Rendimento: 6 porções
Tempo de preparo: 1h30

INGREDIENTES
- 1 peça de maminha
- 1 e ½ colher (sopa) de caldo de carne líquido
- 100 g de manteiga
- Papel-celofane para churrasco

MODO DE PREPARO
- Acenda o carvão na churrasqueira e deixe o braseiro ficar uniforme, por mais ou menos 40 minutos.
- Limpe a maminha, fure-a com um garfo ou uma faca e espalhe o caldo de carne.
- Deixe tomar gosto por cerca de 30 minutos.
- Espalhe a manteiga pela carne, embrulhe com o papel-celofane, torcendo as pontas e deixando uma folga para os líquidos.
- Coloque na grelha a uma distância de 30 centímetros do fogo por 1 hora.
- Retire o papel-celofane e baixe a carne para 15 centímetros da brasa.
- Deixe dourar por 15 minutos, virando de vez em quando.
- Retire da churrasqueira, fatie e sirva com batatas assadas.

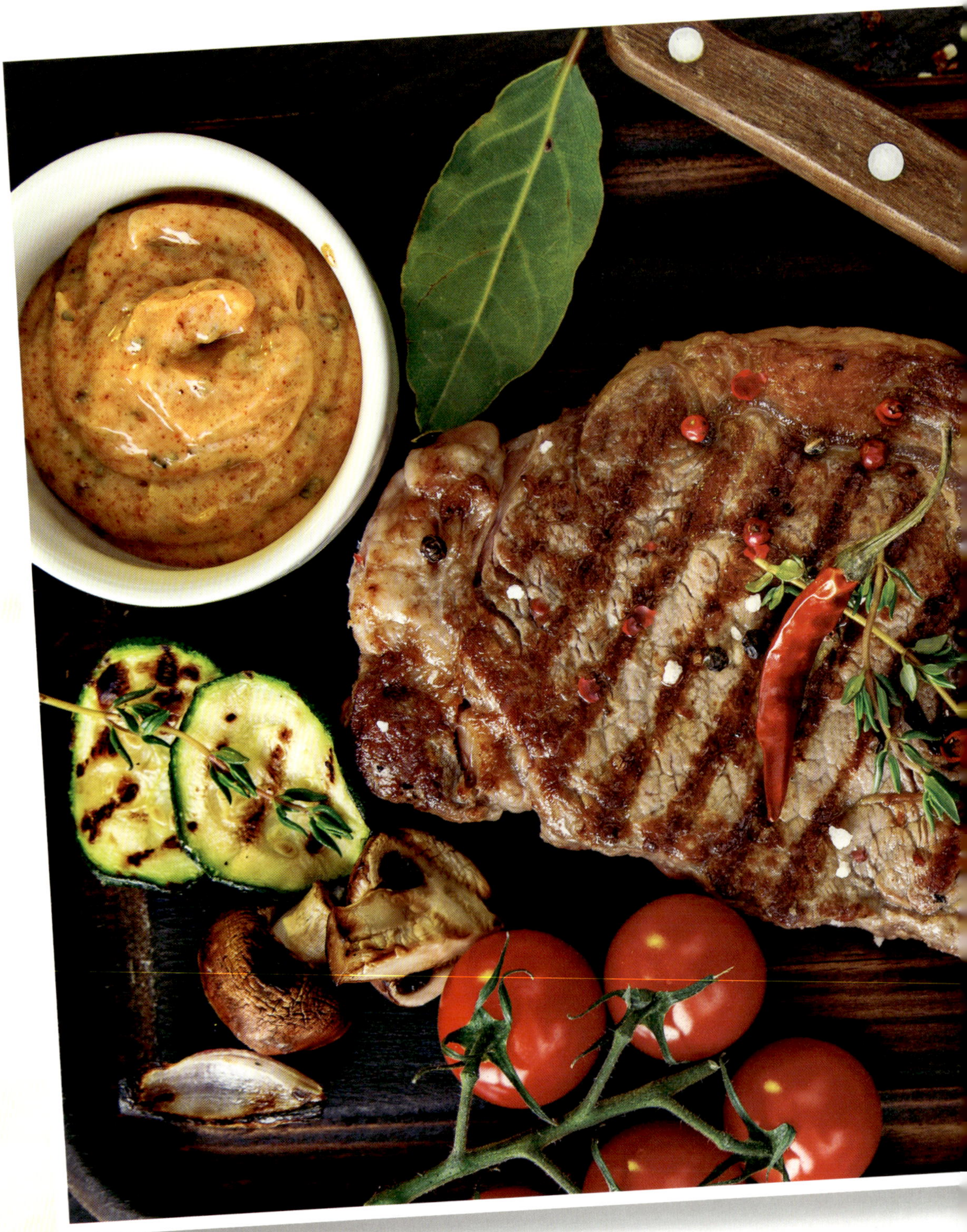

BABY BEEF COM MIX DE PIMENTAS

Rendimento: 5 porções
Tempo de preparo: 1h45

INGREDIENTES
- 5 baby beef
- 1 colher (chá) de pimenta-do-reino branca
- 1 colher (chá) de pimenta rosa
- 2 colheres (sopa) de sal grosso em grãos médios

MODO DE PREPARO
- Acenda o carvão na churrasqueira e deixe o braseiro ficar uniforme, por mais ou menos 40 minutos.
- Triture as pimentas com o sal em um pilão e tempere a carne com a mistura.
- Leve a carne para a grelha, a uma distância de 15 cm da brasa. Quando a carne começar a soltar líquido é hora de virar. Deixe por mais 10 minutos e estará pronta para servir.

BIFE DE ALCATRA COM SAL TEMPERADO DE ALECRIM

Rendimento: 6 porções
Tempo de preparo: 2h

INGREDIENTES
- 6 bifes de alcatra grossos
- 3 ramos de alecrim
- 1 colher (sopa) de pimenta-do-reino em grãos
- ¼ de xícara (chá) de sal grosso

MODO DE PREPARO
- Acenda o carvão na churrasqueira e deixe o braseiro ficar uniforme, por mais ou menos 40 minutos.
- No liquidificador, triture rapidamente o alecrim, a pimenta e o sal grosso.
- Espalhe a mistura pela peça e leve a carne para a grelha, a uma distância de 15 cm da brasa. Quando a carne começar a soltar líquido é hora de virar. Deixe por mais 10 minutos e estará pronta para servir.

ALCATRA COM ERVAS FINAS

Rendimento: 8 porções
Tempo de preparo: 1h30

INGREDIENTES
- 1 peça de alcatra
- ½ xícara (chá) de sal grosso
- 3 colheres (sopa) de alecrim desidratado
- 3 colheres (sopa) de orégano desidratado
- 3 colheres (sopa) de manjericão desidratado

MODO DE PREPARO
- Acenda o carvão na churrasqueira e deixe o braseiro ficar uniforme, por mais ou menos 40 minutos.
- Bata no liquidificador o sal grosso, o alecrim, o orégano e o manjericão.
- Limpe bem a peça e espalhe o sal de ervas finas.
- Leve à churrasqueira, a 15 cm da brasa, por 5 minutos, até selar.
- Com a parte de trás da faca, retire o excesso de sal e leve a uma distância de 40 cm do fogo.
- Asse por 40 minutos, virando sempre.
- Retire a carne do fogo e sirva em seguida.

BOMBOM DE ALCATRA COM MOLHO INGLÊS

Rendimento: 6 porções
Tempo de preparo: 1h30

INGREDIENTES
- 1 peça de bombom de alcatra
- 3 colheres (sopa) de azeite de oliva
- 3 colheres (sopa) de molho inglês
- 1 colher (chá) de pimenta rosa em grãos
- Sal fino a gosto

MODO DE PREPARO
- Acenda o carvão na churrasqueira e deixe o braseiro ficar uniforme, por mais ou menos 40 minutos.
- Em um recipiente, misture o azeite, o molho inglês e a pimenta triturada grosseiramente em um pilão.
- Corte a carne em bifes grossos e mergulhe na mistura de azeite e molho inglês. Deixe marinar por 5 minutos.
- Leve os bifes para a grelha, a uma distância de 15 cm da brasa.
- Tempere com sal fino.
- Quando a carne começar a soltar líquidos é hora de virar.
- Tempere com mais sal e deixe por 10 minutos e estará pronto.
- Sirva com legumes grelhados e batatas assadas.

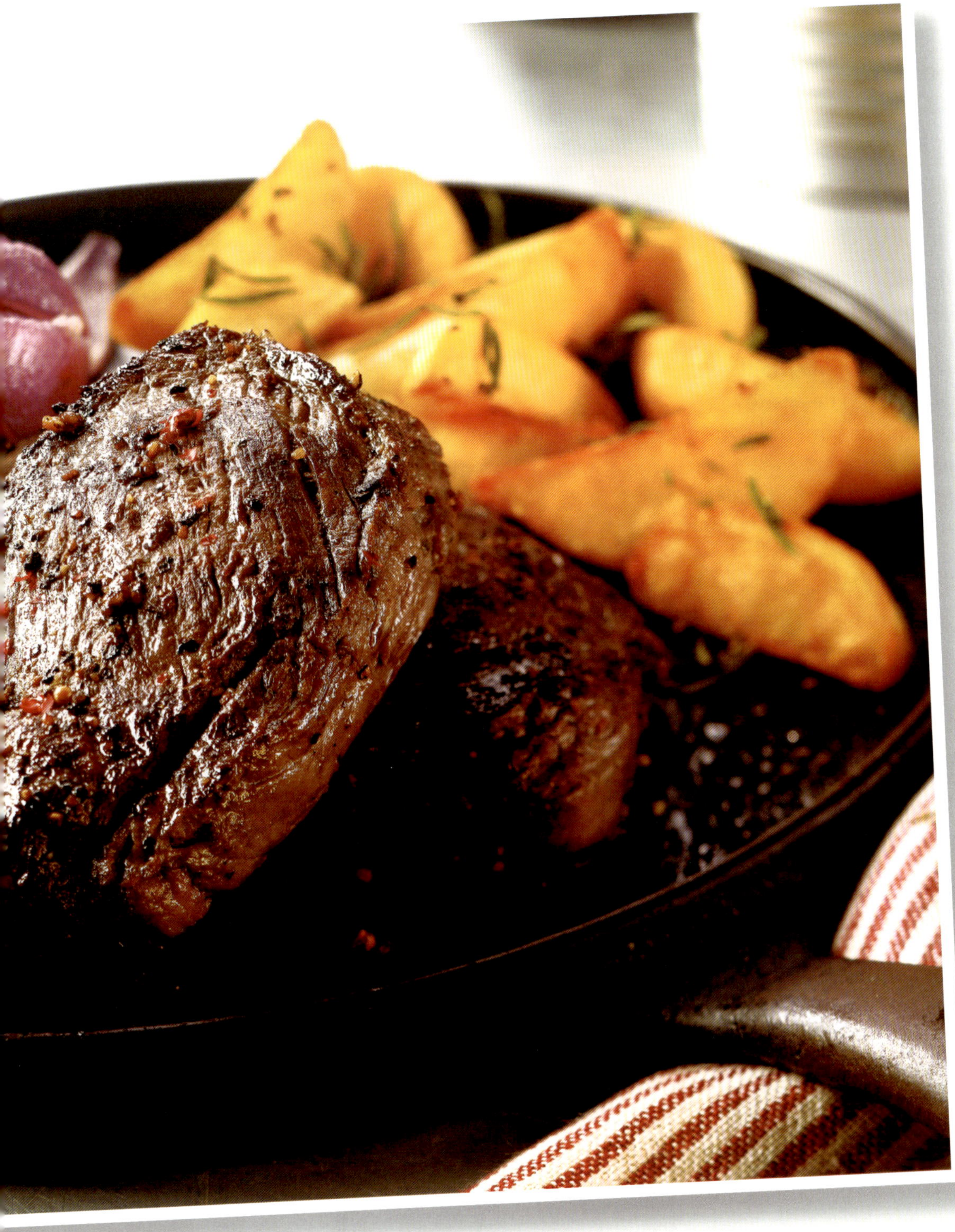

MIOLO DE ALCATRA TEMPERADO

Rendimento: 6 porções
Tempo de preparo: 1h30

INGREDIENTES
- 1 peça de miolo de alcatra
- 1 colher (sopa) de alecrim
- 1 colher (chá) de pimenta-do-reino em grãos
- 3 colheres (sopa) de azeite
- 1 colher (chá) de pimenta-do-reino branca em grãos
- 1 colher (sopa) de molho inglês
- Sal grosso em grãos finos a gosto

MODO DE PREPARO
- Acenda o carvão na churrasqueira e deixe o braseiro ficar uniforme, por mais ou menos 40 minutos.
- Limpe a carne e reserve.
- Pique o alecrim e leve a um pilão com as pimentas. Soque bem até quebrar os grãos.
- Coloque o azeite e o molho inglês em um recipiente e passe a carne por essa mistura, deixando marinar por 3 minutos.
- Espalhe o alecrim triturado com as pimentas por toda a carne, salpique o sal grosso e leve à churrasqueira a 15 cm da brasa, por 5 minutos, virando até selar.
- Suba a peça para uma distância de 30 cm do fogo e asse por 30 minutos, virando sempre.
- Retire a carne do fogo e sirva em seguida.

FRALDINHA COM CERVEJA

Rendimento: 6 porções
Tempo de preparo: 1h

INGREDIENTES
- 1 peça de fraldinha
- 1 colher (chá) de louro em pó
- 1 colher (sopa) de pimenta-do-reino em grãos
- Sal fino a gosto
- 300 ml de cerveja preta

MODO DE PREPARO
- Acenda o carvão na churrasqueira e deixe o braseiro ficar uniforme, por mais ou menos 40 minutos.
- Limpe a fraldinha tirando o excesso de gordura. Reserve.
- Quebre grosseiramente as pimentas em um pilão. Reserve.
- Coloque a carne em um recipiente e espelhe bem pela carne o louro, a pimenta e o sal.
- Regue com a cerveja e deixe marinar por 30 minutos.
- Leve à grelha, a uma altura de 15 cm da brasa.
- Vire quando a carne começar a soltar líquidos nas extremidades, deixe mais 5 minutos ou até desgrudar da grelha.
- Retire da churrasqueira e fatie no sentido perpendicular às fibras da carne. Sirva a seguir.

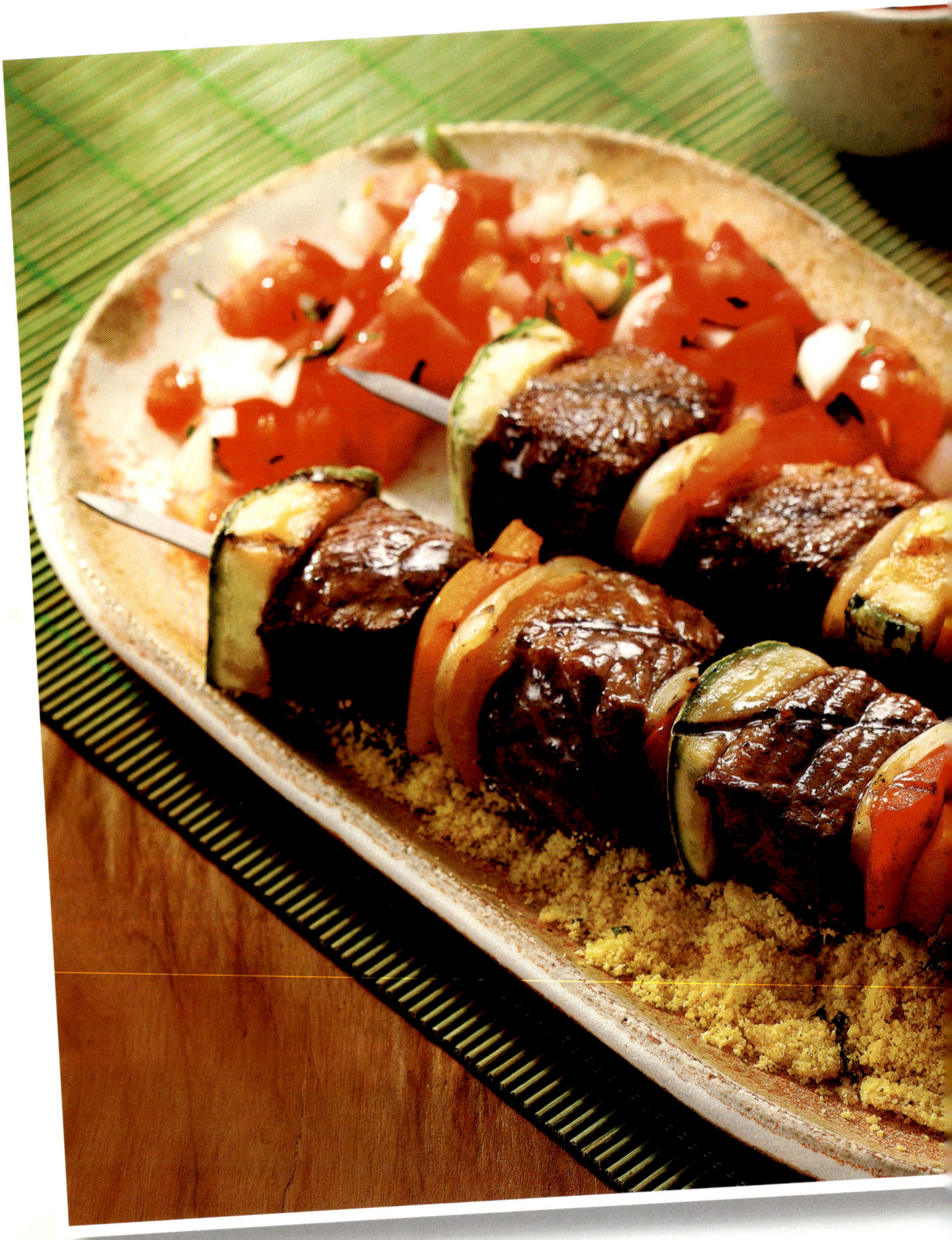

ESPETINHOS DE ALCATRA COM LEGUMES

Rendimento: 12 porções
Tempo de preparo: 1h

INGREDIENTES
- 1 kg de alcatra cortada em cubos
- 1 abobrinha cortada em cubos
- 1 pimentão vermelho cortado em cubos
- 1 pimentão amarelo cortado em cubos
- 1 cebola cortada em cubos
- 1 colher (sopa) de manteiga
- Sal fino e pimenta-do-reino a gosto

MODO DE PREPARO
- Acenda o carvão na churrasqueira e deixe o braseiro ficar uniforme, por mais ou menos 40 minutos.
- Faça espetinhos alternando os cubos de carne, abobrinha, pimentão e cebola.
- Pincele com a manteiga e tempere com sal e pimenta.
- Coloque na grelha a 40 cm da brasa por 20 minutos. Vire sempre, para assar por igual. Sirva assim que ficarem dourados.

MAMINHA COM ALHO E ALECRIM

Rendimento: 6 porções
Tempo de preparo: 1h30

INGREDIENTES
- 1 peça de maminha
- 1 colher (sopa) de sal fino
- 3 dentes de alho bem picados
- 1 colher (sopa) de manteiga
- 1 ramo de alecrim
- Papel-alumínio

MODO DE PREPARO
- Acenda o carvão na churrasqueira e deixe o braseiro ficar uniforme, por mais ou menos 40 minutos.
- Esfregue o sal e o alho em toda a superfície da maminha.
- Espalhe a manteiga e coloque o ramo de alecrim na parte de cima da carne.
- Embrulhe a peça em papel-alumínio dando três voltas.
- Leve à grelha a uma altura de 40 cm da brasa por 20 minutos de cada lado.
- Retire o papel-alimínio, volte para a grelha, agora a 30 cm do fogo, até dourar.
- Deixe descansar por 5 minutos e sirva.

BABY BEEF COM MANTEIGA DE ALECRIM E PIMENTA ROSA

Rendimento: 8 porções
Tempo de preparo: 1h

INGREDIENTES
- 1 kg de baby beef
- 100 g de manteiga sem sal
- 2 colheres (sopa) de alecrim
- 1 colher (sopa) de pimenta rosa triturada
- Sal fino a gosto

MODO DE PREPARO
- Acenda o carvão na churrasqueira e deixe o braseiro ficar uniforme, por mais ou menos 40 minutos.
- Misture a manteiga com o alecrim num processador de alimentos e reserve.
- Leve os bifes para a grelha, a uma distância de 15 cm da brasa.
- Tempere com o sal. Quando a carne começar a soltar líquido é hora de virar.
- Tempere com mais sal e deixe por 10 minutos e estará pronto para servir.
- Retire da churrasqueira e deixe descansar por 3 minutos.
- Espalhe a mistura de manteiga, polvilhe com a pimenta e sirva em seguida.

MANUAL DO BOM CHURRASQUEIRO

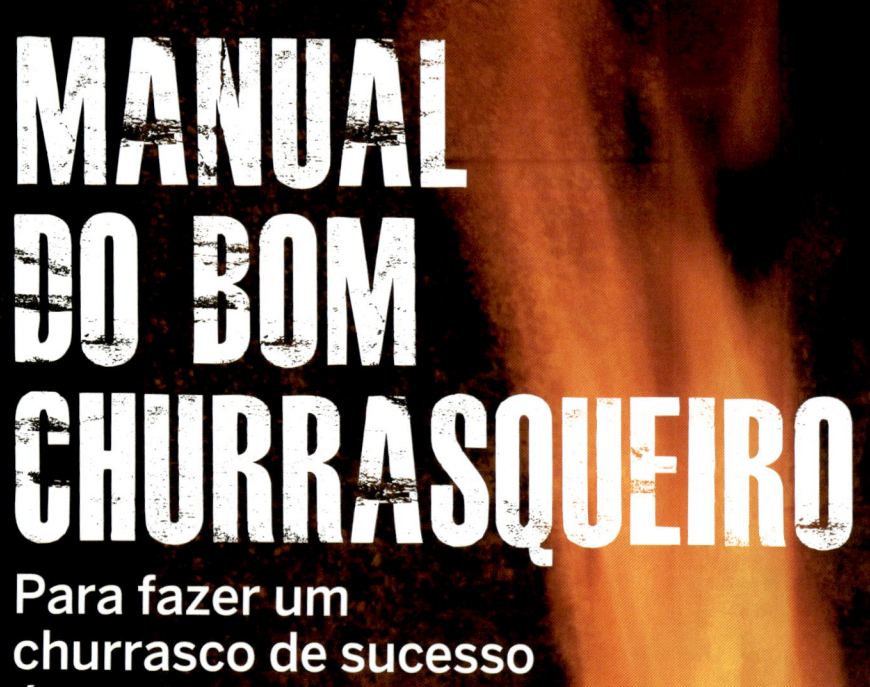

Para fazer um churrasco de sucesso é preciso saber escolher e manipular as peças, controlar o braseiro e acertar o ponto da carne. Veja a seguir uma seleção de dicas e truques para um grelhado perfeito

Mantenha a carne perfeita e livre de contaminação

Uma das coisas fundamentais quando se trabalha com alimentos é a higiene, principalmente quando o produto em questão é a carne, que, por ser manipulada in natura, está sujeita a proliferação de micro-organismos e bactérias. Também muito importante é o método de descongelamento e armazenamento durante o churrasco. Antes de começar a trabalhar as carnes, lave bem todos os utensílios que for usar, como facas, tábuas, espetos, grelhas e travessas. Mantenha as mãos sempre limpas, lavando com sabão cada vez que for mexer nos alimentos. Depois de ter todas as ferramentas limpas, providencie um local para armazenar as carnes durante o churrasco. Elas devem permanecer em uma temperatura entre 0° e 5° C. Pode ser numa geladeira ou isopor com gelo, o mais importante é estar bem perto da churrasqueira. A carne deve sair da refrigeração, ser salgada e posta na grelha sem ficar muito tempo exposta à temperatura ambiente, o que prejudica sua qualidade. Se optar pelo isopor, tome cuidado para o gelo e a água não entrarem em contato com a carne, mantendo a embalagem bem fechada e as pedras de gelo em sacos plásticos herméticos.

Calcule a quantidade certa

550 gramas é a quantidade aproximada que um homem consome num churrasco. Para as mulheres a conta fica em 400 gramas e, 250 gramas para as crianças. Essa equação não é exata, porque depende da quantidade de acompanhamentos e entradas. Peças com osso, como os cortes de frango e costela, devem pesar o dobro, para compensar a perda.

6 regras de ouro para preparar a carne

1. Descongele a carne sempre de um dia para o outro, dentro da geladeira. Mínimo de 12 horas.

2. Trabalhe com, no mínimo, duas tábuas e duas facas. Use uma das tábuas e uma das facas para manipular a carne crua e a outra para manipular a carne assada ou grelhada.

3. Nunca inverta as tábuas ou as facas, esse procedimento evita a contaminação cruzada.

4. Tenha uma lixeira próxima da churrasqueira e dê preferência para os modelos com pedal para evitar a contaminação da mão em contato com a tampa.

5. Use sempre um avental e tenha à mão panos de prato para manter as superfícies limpas.

6. Mantenha os cabelos curtos ou presos, as unhas cortadas e barbas aparadas ou protegidas durante o preparo.

Quais são e como funcionam os principais tipos de churrasqueiras e grelhas

CHURRASQUEIRAS

PRÉ-FABRICADA DE ALVENARIA COM CHAMINÉ: tem revestimento térmico apenas na fornalha (base e lados onde é depositado o carvão) e tem altura padrão de 2,20 metros. Dispensa mão de obra especializada para a instalação.

DE ALVENARIA COM CHAMINÉ: mais durável que o modelo pré-fabricado, por ser todo feito em material refratário, oferece melhor rendimento térmico. É feita sob medida por profissional especializado.

ABERTA: de alvenaria, também é conhecida como grelha. Basicamente é uma caixa na qual se coloca o carvão e suporte para grelha e espetos. Pode ter dois ou três andares. Ideal para espaços abertos, pois não tem chaminé para dispersar a fumaça.

PORTÁTEIS: podem ser retangulares, quadradas ou redondas, abertas ou com tampas para bafo. As mais sofisticadas têm controle de temperatura. Podem ser feitas de aço inox, ferro e ferro fundido.

BAFO: esse tipo de churrasqueira tem uma tampa, que funciona como forno, assando a carne por igual. É perfeita para carnes que precisam ser amaciadas como a costela.

GRELHAS

Seu uso facilita a vida do churrasqueiro. Com ela é possível acomodar vários tipos de corte e, com o controle de altura, grelhar e assar. Para grelhar cortes como bombom, entrecôte e filé-mignon e ter uma carne bem selada e suculenta, posicione a grelha a 15 cm de altura do braseiro. Para assar peças maiores, como a picanha inteira, deixe a 40 cm, e para peças grandes, como a costela, deixe a 60 cm da brasa.

GRELHA ARGENTINA Este é o modelo mais indicado pelos churrasqueiros profissionais, também conhecidas como canaletadas ou grelha parrilla. Suas canaletas de metal em formato de "V" possuem inclinação, o que faz que o sangue, a gordura e o tempero deslizem e se acumulem nas pingadeiras. Isso evita o gotejamento sobre o braseiro e a formação de labaredas, que não são ideais para o preparo do churrasco.

BARRAS Fáceis de higienizar durante e depois do preparo, proporcionam um contato maior entre os cortes e o braseiro, graças à distância entre as barras. Para evitar que a liberação de gordura e sulcos da carne formem labaredas, jogue as cinzas do churrasco anterior sobre a brasa.

MOEDAS Sua limpeza é mais difícil e é necessário o uso de escova durante o churrasco, para evitar que os sabores de carnes diferentes se misturem. Tendem a formar ondulações, pois são confeccionadas com uma única tela. É muito boa para preparar hambúrgueres.

AUXILIARES Existem diversos modelos, são móveis, de abrir e fechar e permitem que o corte seja virado de uma vez. Perfeitas para o preparo de peixes e legumes, também podem ser usadas para pequenas peças de carne.

GRELHA X ESPETO QUEM LEVA A MELHOR

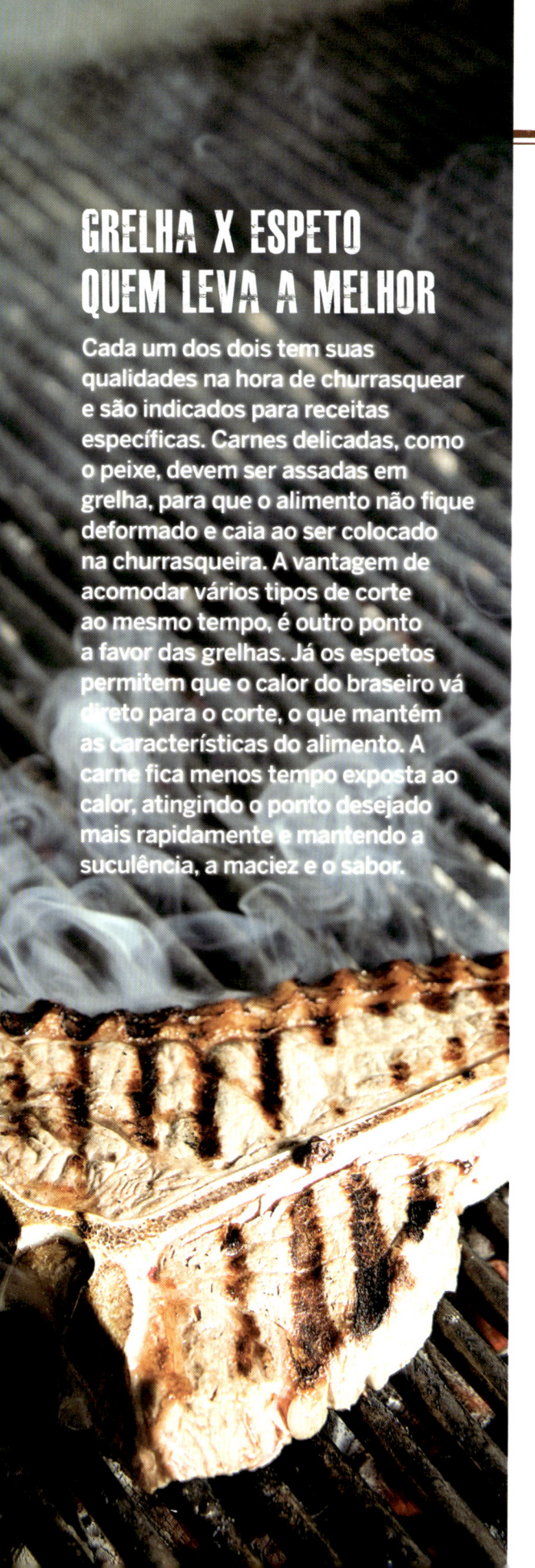

Cada um dos dois tem suas qualidades na hora de churrasquear e são indicados para receitas específicas. Carnes delicadas, como o peixe, devem ser assadas em grelha, para que o alimento não fique deformado e caia ao ser colocado na churrasqueira. A vantagem de acomodar vários tipos de corte ao mesmo tempo, é outro ponto a favor das grelhas. Já os espetos permitem que o calor do braseiro vá direto para o corte, o que mantém as características do alimento. A carne fica menos tempo exposta ao calor, atingindo o ponto desejado mais rapidamente e mantendo a suculência, a maciez e o sabor.

Colocando as armas na mesa

As facas são responsáveis pela precisão e melhor aproveitamento dos cortes, e é fundamental que estejam bem afiadas. Se tiverem perdido o fio, será necessária uma afiação com pedra própria para amolar. A melhor técnica é umedecer a pedra por cinco minutos para ela ganhar abrasividade, depois deslizar ¾ da lâmina sobre a superfície da pedra, com muita atenção para que o dorso da faca vá ao encontro da pedra, e não o fio da lâmina. Esse movimento deve ser em diagonal e com uma leve inclinação. O mesmo movimento deve ser repetido várias vezes, até ficar bem amolada. É importante deslizar os dois lados da faca o mesmo número de vezes.

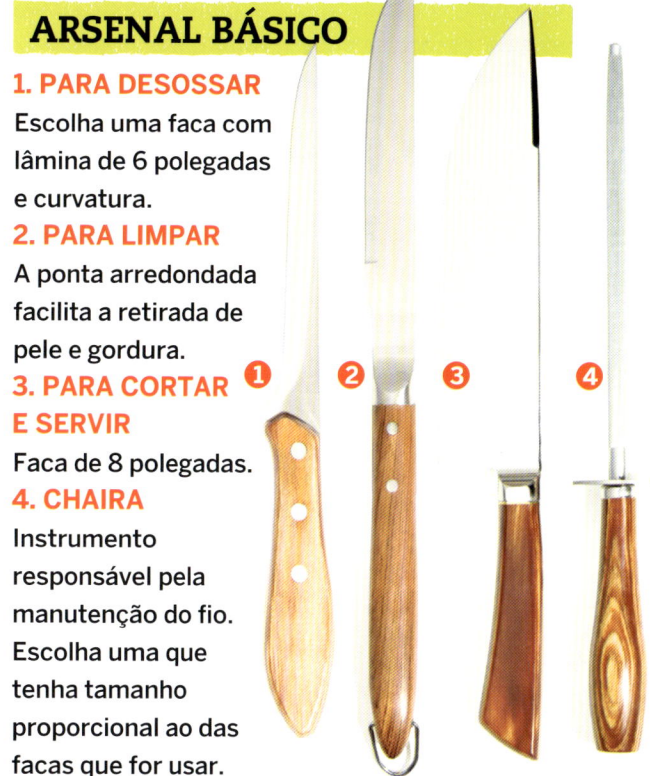

ARSENAL BÁSICO

1. PARA DESOSSAR
Escolha uma faca com lâmina de 6 polegadas e curvatura.

2. PARA LIMPAR
A ponta arredondada facilita a retirada de pele e gordura.

3. PARA CORTAR E SERVIR
Faca de 8 polegadas.

4. CHAIRA
Instrumento responsável pela manutenção do fio. Escolha uma que tenha tamanho proporcional ao das facas que for usar.

APRENDA A AFIAR

Use a chaira nas facas que estão com o fio em ordem e que precisam apenas de manutenção durante o churrasco. Veja a seguir, passo a passo, a melhor técnica de afiação.

1. Use sempre uma chaira de tamanho proporcional ao da faca e com o mesmo comprimento de lâmina.

2. Com as mãos firmes e o polegar firmando a faca, deslize 3/4 da lâmina no início da chaira, de cima para baixo, ou ao contrário.

3. A lâmina da faca deve formar um ângulo de 30° em relação à chaira em movimento único. Repita o processo nos dois lados, de preferência com a mesma inclinação e velocidade, para que o fio fique uniforme.

DICA DE CHURRASQUEIRO

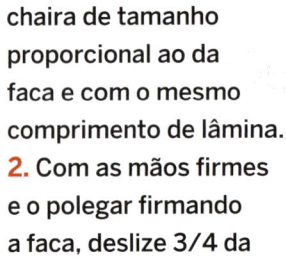

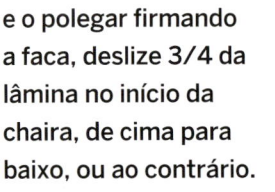

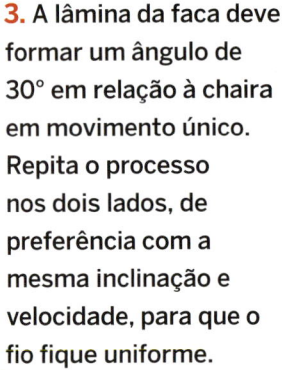

Conserve as facas limpas e secas, de preferência em um cepo ou bainha, para não danificá-las pelo contato com outros objetos.

A quantidade de carvão e o uso da técnica correta são determinantes para o sucesso do churrasco

O fogo deve ser aceso 40 minutos antes de começar o evento. Esse tempo é necessário para que o braseiro fique uniforme. Escolha um carvão de eucalipto – ele tem boa resistência, durabilidade, queima uniformemente, retém mais calor e é ecológico – ou briquetes, feitos de pó de carvão e amido (nesta opção, o fogo é lento, ideal para assados que levam mais tempo na churrasqueira, como costela ou cupim). Acomode uma pequena quantidade de carvão e use álcool gel ou álcool em pasta para acender o fogo – um pãozinho amanhecido embebido em álcool também é uma boa opção. O grande segredo é evitar colocar muito carvão, o excesso faz que o braseiro não consiga manter a temperatura constante, diminuindo em determinado momento e levantando labaredas em outro. O fogo deve sempre ser alimentado aos poucos, colocando

Conheça os tipos de sal

SAL GROSSO EM GRÃOS MÉDIOS
Tem o menor poder de salgar e é usado para temperar peças maiores, com mais de 1 kg, como a picanha inteira e a costela

SAL GROSSO TRITURADO EM GRÃOS FINOS
É usado para cortes com mais de 4 cm de altura. Também tempera a peça de carne que foi fatiada e volta a assar

SAL FINO
Para cortes como o filé-mignon, com até 3 cm de altura, que geralmente vão para a grelha. Deve ser usado com cuidado, pois é o que tem o maior poder de salgar

---

algumas pedras novas ao lado do braseiro e, conforme a necessidade, ir alimentando com mais e misturando lentamente. Para garantir melhor sabor à carne, espere que o braseiro fique em sua maioria incandescente, com uma fina camada branca por cima. Nunca use água para controlar as labaredas, esse método apenas faz fumaça e libera fuligem. Jogue as cinzas guardadas do churrasco anterior sobre a brasa, isso evitará que o fogo avance e manterá a temperatura da churrasqueira elevada. Também funciona para inibir a fumaça gerada pela gordura que escorre da carne.

PALAVRA DE EXPERT

"Um truque certeiro para controlar a temperatura do braseiro é colocar a mão a 15 cm da brasa e contar de um a cinco. Se suportou o calor até 'cinco', significa que o calor está perfeito para grelhar. Se chegou ao 'quatro' a carne irá queimar, e ao 'seis', cozinhar."

Valdecir Larentis,
Chefe de carnes do Vento Haragano Morumbi, SP

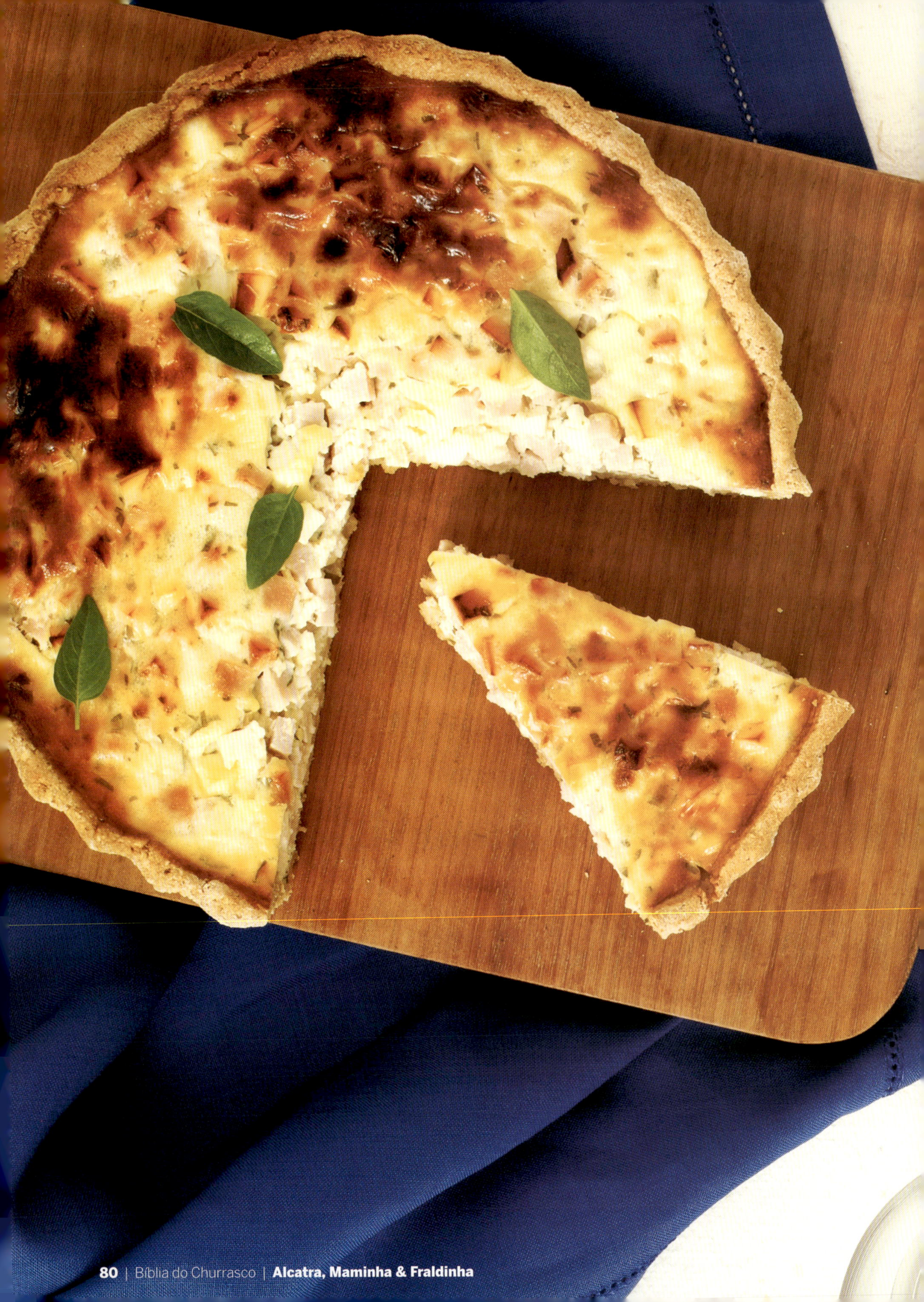

CHURRASCO BEM ACOMPANHADO

Quiche, croquete de mandioca, risoto crocante, saladas fresquinhas... A seguir, uma seleção de entradas, acompanhamentos e molhos para deixar ainda mais saboroso o seu corte preferido

CROQUETE DE MANDIOCA

Rendimento: 30 porções
Tempo de Preparo: 1h50

INGREDIENTES
• 600 g de mandioca cozida
• 3 ovos
• 4 colheres (sopa) de queijo parmesão ralado
• 2 colheres (sopa) de farinha de trigo
• 1 colher (chá) de fermento em pó
• Sal a gosto
• Pimenta-do-reino moída a gosto
• Salsa picada a gosto
• 2 claras batidas
• Farinha de rosca para empanar
• Óleo vegetal para fritar

MODO DE PREPARO
• Passe a mandioca pelo espremedor e coloque em um recipiente. Acrescente os ovos, o queijo parmesão, a farinha, o fermento, o sal, a pimenta e a salsa.
• Misture bem com uma colher até a massa ficar homogênea. Separe em 6 partes e reserve.
• Em uma superfície enfarinhada, forme rolinhos com a massa e corte os croquetes. Transfira para uma travessa salpicada de farinha, cubra com filme plástico e leve à geladeira por uma hora.
• Passe o croquete pela clara e, em seguida, pela farinha de rosca. Frite em óleo bem quente e vire para dourar por igual. Retire com uma escumadeira e coloque sobre papel absorvente. Sirva a seguir.

ONION RINGS

Rendimento: 3 porções
Tempo de preparo: 20 min.

INGREDIENTES
• 1 cebola grande cortada em fatias grossas
• 1 e ¼ de xícara (chá) de farinha de trigo
• 1 colher (chá) de fermento em pó
• 1 colher (chá) de sal
• 1 ovo

- 1 xícara (chá) de leite
- Óleo vegetal suficiente para fritar

MODO DE PREPARO
- Separe as fatias de cebola em rodelas e reserve.
- Em um recipiente, misture a farinha, o fermento e o sal.
- Passe as fatias de cebola nessa mistura até que fiquem totalmente revestidas. Reserve.
- Acrescente o ovo e o leite à mistura de farinha que sobrou e agregue bem os ingredientes.
- Mergulhe os anéis enfarinhados na massa até cobrir completamente, em seguida, coloque sobre uma grade para escorrer até que a massa pare de pingar.
- Frite em óleo bem quente, até dourar. Retire com uma escumadeira e escorra em papel absorvente.

POLENTA FRITA

Rendimento: 6 porções
Tempo de preparo: 45 min.

INGREDIENTES
- 3 xícaras (chá) de fubá mimoso
- 4 colheres (sopa) de óleo vegetal
- 1 litro de água fervente
- 1/2 colher (sopa) de sal
- 3 dentes de alho amassados
- 1 cebola pequena ralada
- Óleo vegetal suficiente para fritar

MODO DE PREPARO
- Dissolva bem 2 xícaras do fubá em 2 copos de água fria. Reserve.
- Leve uma panela ao fogo médio e adicione o óleo, a cebola, o alho e o sal. Mexa bem até a mistura dourar, em seguida, acrescente aos poucos o fubá diluído na água, mexendo sempre com uma colher, por 15 minutos, ou até obter consistência firme.
- Despeje, ainda quente, em uma travessa e deixe amornar.
- Aqueça o óleo em temperatura alta, corte a polenta em retângulos, passe pelo fubá que restou e frite em óleo bem quente. Deixe dourar dos dois lados.
- Escorra em papel absorvente e sirva.

SALADA MISTA

Rendimento: 4 porções
Tempo de preparo: 30 min.

INGREDIENTES
- 4 folhas de alface-crespa
- 4 folhas de alface roxa
- 16 folhas de agrião
- 8 aspargos escaldados
- 4 fatias de presunto cru
- 50 gramas de queijo parmesão grosseiramente picado
- Azeite de oliva, sal e pimenta-do-reino a gosto

MODO DE PREPARO
- Lave muito bem as folhas, seque com papel toalha e reserve.
- Corte os aspargos ao meio, no sentido do comprimento. Reserve.
- Faça tiras de 1 cm com as fatias de presunto. Reserve.
- Para montar o prato, forre o fundo com camadas de folhas rasgadas de alface-crespa, alface roxa e agrião.
- Distribua os aspargos, o presunto e o queijo parmesão.
- Tempere com azeite, sal e pimenta-do-reino a gosto.

MIX DE FOLHAS VERDES COM ERVA-DOCE

Rendimento: 4 porções
Tempo de preparo: 30 min.

INGREDIENTES
- 16 folhas de alface-americana
- 8 folhas de alface-crespa
- 32 folhas de rúcula
- 4 bulbos de erva-doce em fatias
- 4 laranjas
- 4 palmitos
- 12 tomates cereja
- 12 nozes
- 4 col. (café) de chia
- Sal e azeite de oliva a gosto

MODO DE PREPARO
- Higienize as folhas e reserve.
- Descasque as laranjas e corte em cubos grandes.
- Corte os palmitos em rodelas, os tomates cereja na metade e quebre as nozes grosseiramente.
- Em uma travessa, monte a salada com todos os itens, salpicando as nozes e a chia por último.
- Tempere com sal e azeite e sirva.

ARROZ COLORIDO

Rendimento: 5 porções
Tempo de preparo: 30 min.

INGREDIENTES
- 2 cebolas médias
- 1 colher (sopa) de óleo de girassol
- 1 xícara (chá) de arroz branco cru
- Louro e sal a gosto
- 3 xícaras (chá) de água
- ½ xícara (chá) de arroz selvagem cru
- 4 fatias grossas de queijo de minas padrão
- 10 fatias de peito de peru
- 2 tomates maduros
- Azeite de oliva a gosto
- 1 dente de alho amassado
- 8 aspargos verdes
- Cheiro-verde a gosto

MODO DE PREPARO
- Prepare o arroz branco: refogue 1 cebola ralada no óleo. Acrescente o arroz, louro e sal a gosto. Adicione 2 xícaras (chá) de água fervente e cozinhe até ficar ao ponto. Reserve.
- Prepare o arroz selvagem: cozinhe o cereal em panela comum com sal, louro e 1 xícara (chá) de água quente até ficar ao ponto. Reserve.
- Corte o queijo e o peito de peru em cubos pequenos. Retire as sementes dos tomates e corte-os em cubos. Reserve.
- Corte a cebola que restou em cubinhos. Refogue no azeite a cebola e o alho. Quando eles ficarem transparentes, acrescente o peito de peru e deixe dourar levemente.
- No final, adicione os aspargos em rodelas, os tomates picados e o cheiro-verde.
- Misture os dois tipos de arroz reservados e o queijo de minas padrão cortado em cubinhos. Regue com um fio de azeite. Resfrie o prato em uma bacia com água gelada.
- Transfira para uma travessa e sirva em seguida.

RISOTO CROCANTE DE VEGETAIS

Rendimento: 6 porções
Tempo de preparo: 45 min.

INGREDIENTES
- 2 col. (sopa) de azeite de oliva
- 1 cebola pequena ralada
- 100 g de cogumelo em conserva picado
- 150 g de palmito picado em quadradinhos
- 1 abobrinha ralada com casca
- 1 e ½ xícara (chá) de arroz arbóreo
- 1 tablete de caldo de legumes
- 1 xíc. (chá) de maionese sem colesterol
- 2 col. (chá) de salsinha picada
- Sal a gosto

MODO DE PREPARO
- Em uma panela, aqueça o azeite e doure a cebola ralada.
- Junte os cogumelos em conserva e o palmito à panela e refogue por mais dois minutos.
- Adicione o arroz e refogue por três minutos.
- Ferva um litro de água, acrescente o tablete de caldo de legumes e o mantenha aquecido.
- Junte aos poucos uma xícara (chá) do caldo e cozinhe em fogo baixo.
- Deixe secar e acrescente mais uma xícara (chá), até que o arroz fique bastante macio.
- Acrescente a abobrinha ralada, a maionese sem colesterol e misture até o risoto ficar cremoso.
- Retire do fogo, inclua a salsinha e sirva.

QUICHE LORRAINE

Rendimento: 5 porções
Tempo de preparo: 45 min.

INGREDIENTES

Massa:
- 1 xícara (chá) de farinha de trigo (120 g)
- 1 pitada de sal
- 1 pitada de açúcar
- 100 g de manteiga
- 1 ovo

Recheio:
- 4 xícaras (chá) de bacon em cubos
- 200 g de parmesão ralado
- 1 xícara (chá) de queijo prato ralado no ralo grosso
- 3 xícaras (chá) de creme de leite
- 3 ovos
- Sal e pimenta-do-reino a gosto

MODO DE PREPARO

Massa:
- Misture a farinha com o sal e o açúcar.
- Junte a manteiga até formar uma farofa grossa.
- Acrescente o ovo e misture até que a massa desgrude das mãos.
- Embrulhe e ponha na geladeira por 15 minutos.
- Distribua a massa numa assadeira redonda com fundo falso.
- Faça furos sobre ela com o auxílio de um garfo.
- Leve ao forno preaquecido em 200°C por aproximadamente 10 minutos.
- Retire do forno e coloque o recheio.

Recheio:
- Em uma tigela, coloque o bacon e os queijos. Reserve.
- Bata os ovos e adicione o creme de leite.

• Tempere com o sal e a pimenta e acrescente, aos poucos, à mistura reservada.
• Disponha nas massas previamente assadas.
• Leve o quiche ao forno preaquecido em temperatura média e deixe até dourar.

BATATA SUFLÉ

Rendimento: 6 porções
Tempo de preparo: 1h

INGREDIENTES
- 1 kg de batatas Asterix*
- 1,5 litro de óleo vegetal
- Sal fino (a gosto)

MODO DE PREPARO
- Lave as batatas com uma escovinha, mantendo a casca.
- Corte em fatias finas e deixe de molho em água, para não escurecer.
- Aqueça duas panelas com 750 ml de óleo cada uma.
- Aqueça o óleo das duas panelas, mantenha a primeira em fogo médio e a segunda em fogo alto.
- Escorra as batatas e seque com um pano limpo.
- Coloque uma porção de batatas na primeira panela e deixe fritar, quando ela começar a inflar, retire as batatas com uma escumadeira e coloque na segunda panela, mexa delicadamente, afundando-as no óleo, para que fiquem coradas por igual.
- Retire e deixe escorrer bem.
- Sirva em seguida.

*tipo de batata com casca rosada, tem grande quantidade de amido e é perfeita para fritura

BATATA ASSADA

Rendimento: 5 porções
Tempo de preparo: 30 min.

INGREDIENTES
- 5 batatas médias
- 250 g de bacon picado em quadrados pequenos
- 1 dente de alho picado
- 1 cebola picada em quadrados pequenos
- 1 lata de creme de leite
- 100 g de queijo mozarela
- Cebolinha picada a gosto

MODO DE PREPARO
- Cozinhe as batatas e, depois de cozidas, corte-as ao meio. Coloque-as em um refratário e reserve.
- Em uma panela, frite o bacon até dourar. Acrescente o alho e frite mais.
- Em seguida, coloque a cebola e frite-as até ficar transparente.
- Despeje o creme de leite e acrescente a cebolinha.
- Jogue o creme por cima das batatas.
- Cubra tudo com mozarela e leve ao forno para gratinar.

LEGUMES GRELHADOS

Rendimento: 4 porções
Tempo de preparo: 20 min.

INGREDIENTES
- 1 espiga de milho cozida
- 1 abobrinha
- 1 cebola roxa
- 1 xícara (chá) de vagem
- 1 chuchu
- 1 acelga
- 2 batatas cozidas com casca
- 1 pimentão vermelho
- 1 pimentão amarelo

Marinada:
- 1 xícara (chá) de shoyu
- 1 xícara (chá) de água
- 1 colher (sobremesa) de óleo de gergelim torrado
- 3 colheres (sopa) de azeite extravirgem
- 1 colher (sopa) de orégano
- 1 colher (sopa) de alecrim
- 2 dentes grandes de alho

MODO DE PREPARO
- Em uma chapa ou frigideira grande, coloque um fio de azeite, disponha os legumes e molhe com a marinada.
- Deixe até que os legumes fiquem tostadinhos. Sirva quente ou frio.

TULIPAS DE TOMATE

Rendimento: 10 porções
Tempo de preparo: 25 min.

INGREDIENTES
- 10 tomates italianos
- 10 palitos de churrasco
- 10 cebolinhas

Recheio:
- 250 g de maionese
- 100 ml de azeite
- 50 g de mostarda
- 100 g de creme de leite
- 1 col. (sopa) de mel
- 1 dente de alho socado
- 1 maçã verde picada
- 300 g de peito de frango cozido e desfiado
- 2 talos de salsão picados
- 2 cenouras raladas
- 100 g de uva-passa
- 100 g de salsa picada

MODO DE PREPARO
- Lave muito bem os tomates e, partindo do topo, faça dois cortes em forma de cruz em cada um deles, deslizando a faca até ultrapassar o meio do legume.
- Retire todas as sementes e lave os tomates por dentro. Deixe de cabeça para baixo para secar. Reserve.

Recheio:
- Misture em uma tigela a maionese, o azeite, a mostarda, o creme de leite e o mel. Faça uma pasta e acrescente o restante dos ingredientes, misturando tudo muito bem.
- Leve para a geladeira por 1 hora.
- Retire da geladeira e recheie os tomates.

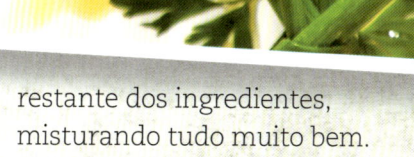

Montagem:
Coloque o palito por dentro da cebolinha. Espete delicadamente o palito na base do tomate já recheado. Sirva em seguida.

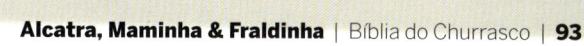

FAROFA DE BANANA

Rendimento: 10 porções
Tempo de preparo: 30 min.

INGREDIENTES
- 200 g de farinha de mandioca
- 4 bananas-nanicas cortadas em rodelas
- 200 g de bacon fatiado
- 2 colheres (sopa) de margarina
- Cebola ralada a gosto
- Salsinha picada a gosto
- Sal a gosto
- 2 colheres (sopa) de óleo vegetal

MODO DE PREPARO
- Pique o bacon bem fino e frite no óleo. Depois, coloque a margarina.
- Quando a margarina derreter, acrescente a cebola e deixe dourar. Misture. Adicione as bananas.
- Coloque a farinha de mandioca e o sal, mexa bastante e deixe que a farofa fique bem umedecida.
- Apague o fogo e jogue salsinha.

FAROFA ESPECIAL

Rendimento: 6 porções
Tempo de preparo: 40 min.

INGREDIENTES
- 100 g de manteiga
- 1 colher(sopa) de azeite
- 1 cebola grande picada
- 2 dentes de alho picados
- 1 abobrinha em cubos
- 1/2 xícara (chá) de azeitonas pretas picadas
- Sal e pimenta-do-reino a gosto
- 3 xícaras (chá) de farinha de milho
- 2 ovos cozidos finamente picados
- 1/2 xícara (chá) de salsa picada

MODO DE PREPARO
- Derreta a manteiga com o azeite em fogo médio.
- Coloque a cebola e o alho e frite até ficar transparente.
- Acrescente a abobrinha e as azeitonas, tempere com sal e pimenta-do-reino e refogue por 2 minutos.
- Incorpore a farinha aos poucos, mexendo sempre.
- Tire do fogo, acrescente os ovos e a salsa. Sirva a seguir

GELEIA DE HORTELÃ

Rendimento: 10 porções
Tempo de preparo: 40 min.

INGREDIENTES
- 2 maços médios de hortelã
- 3 maçãs médias
- 5 colheres (sopa) de azeite
- 1 xícara (chá) de açúcar
- 1 xícara (chá) de água

MODO DE PREPARO
- Lave os maços de hortelã, separe somente as folhas e os talos mais macios, seque com toalha de papel e pique finamente. Reserve.
- Lave as maçãs, descasque-as, tire o miolo e as sementes.
- Pique-as e coloque no processador. Junte as folhas de hortelã e bata por 2 minutos ou até obter um purê.
- Em uma panela, junte o azeite, o açúcar e a água. Leve ao fogo e cozinhe, mexendo de vez em quando, por 5 minutos ou até ferver.
- Abaixe o fogo, tampe a panela e deixe cozinhar por mais 20 minutos, ou até obter uma consistência de geleia.
- Retire do fogo e espere esfriar.

GELEIA DE PIMENTA

Rendimento: 10 porções
Tempo de preparo: 1h40

INGREDIENTES
- 1 kg de maçãs
- 1 litro de água
- 3 pimentas dedo-de-moça
- 2 xícaras (chá) de açúcar
- 80 ml de vinagre (preferência de maçã, mas pode ser outro)

MODO DE PREPARO
- Corte as maçãs em pedaços pequenos, retire a casca e as sementes.
- Coloque em uma panela com a água, deixe cozinhar em fogo baixo por aproximadamente 1 hora, ou até que as maçãs estejam bem moles, no ponto de fazer um purê.
- Espere esfriar e passe por um pano limpo.
- Bata no liquidificador 1 copo do suco e as pimentas.
- Coloque numa panela o restante do suco, o açúcar e o suco batido

com as pimentas, deixe apurar por aproximadamente 30 minutos em fogo baixo, mexendo sempre.
• Coloque o vinagre e mexa bem, quando voltar a levantar fervura, teste o ponto. Se estiver pegajosa, como uma geleia, está pronta.

MOLHO DE PIMENTA COM TOMATE

Rendimento: 10 porções
Tempo de preparo: 20 minutos

INGREDIENTES
- **2 tomates maduros**
- **1/2 cebola**
- **Pimenta-do-reino e sal a gosto**
- **1 dente de alho**
- **1 pitada de orégano**
- **3 colheres (sopa) de azeite de oliva**
- **100 ml de vinagre branco**
- **3 pimentas dedo-de-moça inteiras**

MODO DE PREPARO
• Bata todos os ingredientes no liquidificar e sirva em seguida.

AGRADECIMENTOS

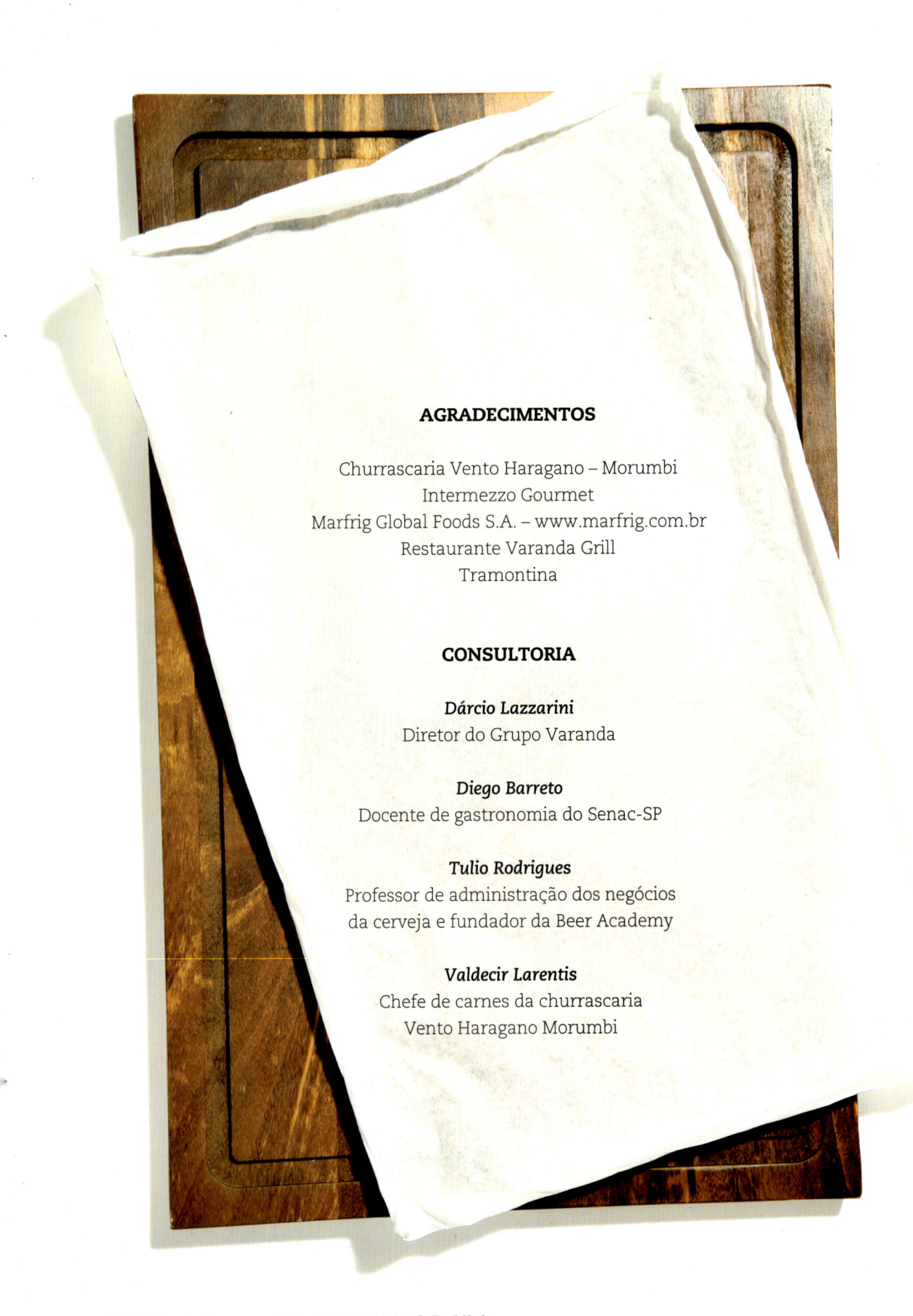

Churrascaria Vento Haragano – Morumbi
Intermezzo Gourmet
Marfrig Global Foods S.A. – www.marfrig.com.br
Restaurante Varanda Grill
Tramontina

CONSULTORIA

Dárcio Lazzarini
Diretor do Grupo Varanda

Diego Barreto
Docente de gastronomia do Senac-SP

Tulio Rodrigues
Professor de administração dos negócios
da cerveja e fundador da Beer Academy

Valdecir Larentis
Chefe de carnes da churrascaria
Vento Haragano Morumbi